中華古籍保護計劃

ZHONG HUA GU JI BAO HU JI HUA CHENG GUO

·成果·

（唐）釋道宣 撰

宋思溪藏本廣弘明集

第一册

國家圖書館出版社

圖書在版編目(CIP)數據

宋思溪藏本廣弘明集:全十二册/(唐)釋道宣撰.-- 北京:國家圖書館出版社,2018.6

(國學基本典籍叢刊)

ISBN 978-7-5013-6397-1

Ⅰ.①宋… Ⅱ.①釋… Ⅲ.①佛教史-中國-唐代 Ⅳ.①B949.2

中國版本圖書館 CIP 數據核字(2018)第 061269 號

書　　名	宋思溪藏本廣弘明集(全十二册)
著　　者	(唐)釋道宣　撰
責任編輯	袁宏偉
封面設計	徐新狀
出　　版	國家圖書館出版社(100034　北京市西城區文津街7號) (原書目文獻出版社　北京圖書館出版社)
發　　行	010-66114536　66126153　66151313　66175620 66121706(傳真)　66126156(門市部)
E-mail	nlcpress@nlc.cn(郵購)
Website	www.nlcpress.com→投稿中心
經　　銷	新華書店
印　　裝	北京市通州興龍印刷廠
版　　次	2018年6月第1版　2018年6月第1次印刷
開　　本	880×1230(毫米)　1/32
印　　張	70
書　　號	ISBN 978-7-5013-6397-1
定　　價	238.00 圓

《國學基本典籍叢刊》編委會

《國學基本典籍叢刊》前言

國家圖書館出版社（原書目文獻出版社 北京圖書館出版社）成立三十多年來，出版了大量的中國傳統文化典籍。由於這些典籍的出版往往採用叢書的方式或綫裝形式，供公共圖書館和大學圖書館典藏使用，普通讀者因價格較高、部頭較大，不易購買使用。爲弘揚優秀傳統文化，滿足廣大普通讀者的需求，現將經、史、子、集各部的常用典籍，選擇善本，分輯陸續出版單行本。每書之前均加簡要説明，必要者加編目録和索引，總名《國學基本典籍叢刊》。歡迎讀者提出寶貴意見和建議，以使這項工作逐步完善。

國家圖書館出版社

二〇一六年四月

序　言

《廣弘明集》是釋道宣編纂的一部佛教弘法文獻總集。道宣爲隋唐高僧，俗姓錢，湖州長城（一説丹徒）人，曾祖爲陳朝駙馬都尉，祖爲陳留太守，父爲吏部尚書錢申（一説錢士申）。隋開皇九年（五八九），隋滅南陳，錢申全家可能因此被迫遷往京城大興。開皇十六年，道宣出生。道宣早年樂聞希世拔俗之典籍，《搜神記》《研神記》《冥祥記》《冥報記》《旌異記》《述異記》等著作，皆披覽熟讀。據記載，其人九歲能賦，儒、道專精，十歲遍覽群書，十二善嫻文藻，十五厭俗誦習諸經，便依慧頵律師受業，十六落髮爲僧。開皇末年，慧頵受詔住錫日嚴寺講論，道宣出家亦住錫於此。大業中，從智首法師受具足戒。唐武德七年（六二四）日嚴寺廢，道宣隨慧頵移入崇義寺。貞觀四年（六三〇），离开長安，雲游訪道。貞觀十三年，返回長安，著書立説，弘揚佛教。貞觀十六年，母親去世，道宣性不狎喧，樂居山野，遂轉至終南山豐德寺。貞觀十九年，參加玄奘譯經僧團，助譯佛經。顯慶三年（六五八）六月，西明寺建成，高宗詔道宣充上座。顯慶五年，高宗迎岐州法門寺佛指骨至洛陽大内供養後，命道宣律師送還法門寺。龍朔二年（六六二）四月，高宗下敕令僧道致敬父母，道宣、威秀等二百餘僧人至蓬萊宮上表抗議，六月高宗下詔停令沙門致敬。乾封二年（六六七）十月十三日，道宣遷化於終南山浄業寺。道宣是南山律宗的開宗祖師。南山律宗與揚州日光寺法礪開創的相部宗、長安西太原寺懷素開創的東塔宗，合稱『律部三宗』。三宗中唯有南山宗法脉綿延，歷經宋元明清而未中斷。道宣著述豐富，宋代沙門元照《芝苑遺編》分道宣著作爲五類：宗承律藏部、弘贊經論部、護法住持部、禮敬行儀部、圖傳雜録部，共計六十一部二百六十七卷。宋代『見行』者三十二部一百四十六卷，但流傳至今者祇有二十二部一百一十多卷。

《廣弘明集》初次成書於唐高宗麟德元年（六六四），續補工作持續到了乾封三年稍後。全書三十卷，分十篇輯録魏晋南北朝至隋唐年間佛教弘法文獻，録文五百六十餘篇，僧俗作者共計二百多人。十篇爲十類，分别爲《歸正篇》《辯惑篇》《佛德篇》《法義篇》《僧行篇》《慈濟篇》《戒功篇》《啓福篇》《悔罪篇》《統歸篇》。許多當時流傳的佛教弘法著作，如北周釋道安《二教論》、甄鸞《笑道論》、任道林《周祖巡鄴請開佛法事》、王明廣《周天元立對衛元嵩上事》、隋釋彦琮《福田論》《通極論》、唐釋法琳《破邪論》《辯正論》，道宣都將其收録進《廣弘明集》中。道宣貞觀年間撰成了三十卷《續高僧傳》，顯慶年間又於西明寺彙編了《西明寺録》，後又擴展爲十卷《大唐内典録》，這三部著作的編纂爲《廣弘明集》奠定了豐富的文獻基礎。麟德元年，道宣還編纂了《集古今佛道論衡》四卷，專門收録漢魏以來佛道論争事迹，這部著作的前三卷可以看作《廣弘明集》前十四卷的雛形。《廣弘明集》的編纂，也并非一蹴而就。其文獻按照卷次可分爲三類：第一類是唐初三教論争中佛教經常引用的弘法護教文獻，集中在《歸正篇》；第二類是北朝及唐初的弘法護教專著，集中在《辯惑篇》；第三類是更爲廣泛、普遍的佛教徒奉佛、崇佛之作，其餘八篇即屬此類。第三類文獻需要道宣花大氣力，從正史、僧傳、别集、類書等各類著作中去搜集。當然，道宣自己也撰寫弘法著作。爲了明確編纂體例、宣揚弘法精神，道宣爲《歸正篇》等十篇撰寫了序言，又爲《廣弘明集》全書作序。除此之外，道宣還撰寫了《歷代王臣滯惑解》兩卷，以之回應道士傅奕《高識傳》對佛教的攻擊。後者收入《廣弘明集》之《辯惑篇》，後又以『通惑決疑录』之名單本流傳。

《廣弘明集》的編纂與高宗的宗教態度有密切關聯。顯慶以後，高宗多苦風疾，百司表奏皆委天后詳決，而宫廷佛道論議反倒成其所好。《集古今佛道論衡》記載了顯慶、龍朔年間於長安、洛陽宫廷之中舉行的十多次佛道論議。其間雖有佛道義理辯論，但高宗對道士、僧人在論議之中的嘲謔、攻擊似乎更有興致，《集古今佛道論衡》對此也有相對詳細的記載。由此，佛道二教關係較高祖、太宗朝相對和緩。《廣弘明集》搜集三教論議文獻，也就少了一些宗教偏激，多了一些學術理性。

《廣弘明集》的學術價值取向，與《弘明集》一脉相承。《宋高僧傳》道宣本傳記載，道宣母妊而夢月貫其懷，復夢梵僧語：『汝所妊者即梁朝僧祐律師。』《廣弘明集》的取名亦與《弘明集》有直接關聯。但是，《廣弘明集》對《弘明集》有着重大開拓。

首先是篇幅上，《弘明集》衹有十四卷，《廣弘明集》却多達三十卷。《弘明集》不録北朝弘法文獻，《廣弘明集》南北朝兼收并蓄。魏晉南朝部分，《廣弘明集》除了補録《弘明集》成書以後的文獻，也增補了《弘明集》未曾收録的文章。就此而言，『廣弘明集』之『廣』，包含續補、增廣的意思。

其次是體例上，《弘明集》基本上按照時間順序輯録編纂文獻，《廣弘明集》却以『十篇』之目分類輯録。《廣弘明集》甚至還將《弘明集》全部納入《廣弘明集》的輯録體例中。其做法是，將《弘明集》所録文獻以著録題名的方式置於『十篇』之篇目録之下，這就囊括了全部《弘明集》。從《廣弘明集》分篇著録《弘明集》文章題名的情況，甚至可以看出兩書在弘道明教上的差异。由此，又可以説『廣弘明集』之『廣』，已上升到爲弘道明教文獻建構體系的高度了。

《廣弘明集》輯録之文獻，大多數作於南北朝、隋及唐初。這些文獻多不見於今存之《文選》《玉臺新詠》《北堂書鈔》《初學記》《藝文類聚》《白氏六帖》和南北朝諸部史書。其作者或者有佛教信仰，或者是佛教的同情者、支持者，但就其身份而言大部分并未出家，不是僧人。文獻所記載的社會風氣、思想争鳴、佛教信仰、文學藝術與佛經教諭不同，是漢魏至唐初真切實在的狀況。在中古文獻大量佚失的困境中，《廣弘明集》無疑是研究者取之不盡的『無盡藏』。

唐代鈔本《廣弘明集》都是三十卷。此後的刊印本逐漸出現了四十卷本。三十卷本又可分爲三種。第一爲三十卷甲本。此種版本全書十篇三十卷，每卷内無上、下卷之分，篇首有篇序、篇次與收文目録，卷首有卷次與收文目録。《磧砂藏》《高麗藏》《趙城金藏》等藏經本《廣弘明集》都屬於此種版本。第二爲三十卷乙本。此種版本也是全書十篇三十卷，有篇次目録和卷次目録，但卷二十七、二十八、二十九、三十等四卷内又有上、下卷之分，實則三十四卷。明汪道昆本、明吴惟明本屬於此種版本。第三爲三十卷丙本。此種版本也是全書十篇三十卷，但有些卷次内部又有上、下卷或者上、中、下卷之分，全書實則就是四十卷。《永樂北藏》《龍藏》等藏經本《廣弘明集》即屬此種。四十卷本是三十卷丙本的發展。全書十篇四十卷。常州天寧寺本即屬此種。三十卷本、四十卷本雖有卷次分目的不同，但所收文獻并没有太大的差异。本次出版所用《思溪藏》本屬於三十卷甲本。《思溪藏》是南宋初年湖州王永從家族捨資刊刻的一部私刻大藏經。後因戰火被毁，國内不存，清末楊守敬從日本購回。《思溪藏》本《廣弘明集》每摺六行，足行十七字，卷首分四行題字『元禄九年丙子二月日重脩 皇圖鞏固 帝道遐昌 佛日增輝 法輪常轉 山城州天安寺法金剛院置』。即今存此本實爲據《思溪藏》本重修之版本。今本亦非全部雕本，有數卷爲鈔本，兩者字迹差异明顯。卷首鈐有兩個藏書印，一爲『楊星吾日本訪書之記』，一爲『松坡圖書館藏』，此明其購回後之流傳歷程。

《思溪藏》本《廣弘明集》雖非存世最早者，但以其失而復得，國内流傳不廣，彌足珍貴。故今影印出版，以饗傳統文化愛好者，亦嘉惠學林焉。

劉林魁

二〇一八年三月

總目録

第一册

第二册

第三册

第四册

第五册

第六册

第一册目録

據國家圖書館藏宋紹興二年（一一三二）王永從刻安吉州思溪法寶資福寺大藏本影印原書版框高二十五厘米

廣弘明集 第一

典一

晋乂十六

元祿九年丙子二月日重修

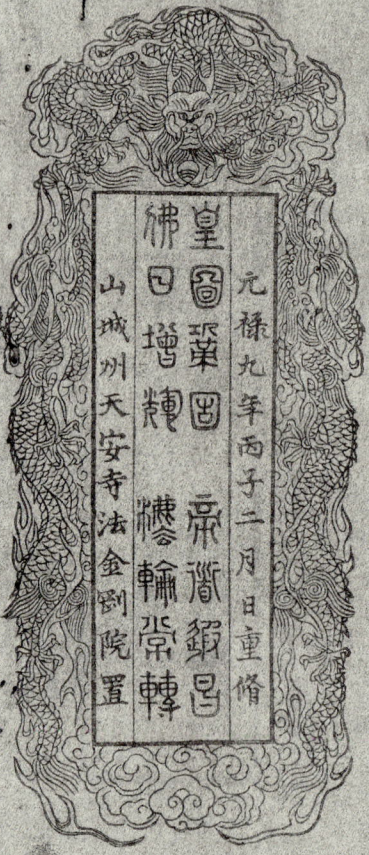

皇圖鞏固　帝道遐昌

佛日增輝　法輪常轉

山城州天安寺法金剛院置

廣弘明集卷第一　典

唐麟德元年終南山釋氏

廣弘明集序

自大夏化行布流東漸懷信開道代有澆淳斯由情混三堅智昏四照故使澆薄之黨輕舉邪風淳正之徒時遭佞辯所以教移震旦六百餘年獨夫震虐三被殘屏禍不旋踵畢顧前良殃咎已刑取笑天下且夫信爲德母智寔聖因肇祖道元終期正果據斯論理則內傾八慢之惑聚此求情則外蕩六塵之蔽蕭然累表非小道之登臨廓介高昇乃上仁之翔集然以時經三代弊五滓之沉淪識蒙

邪正銓人法之天網是以內教經緯立法依
以攝機外俗賢明垂文論以弘範昔梁鍾山
之上定林寺僧祐律師學統九流義包十諦
情敦慈救志存住法詳括梁晉列辟群英留
心佛理構叙篇什撰弘明集一部一十四卷
討顏謝之風規揔周張之門律辨駁通議極
情理之幽求窮較性靈誠智者之高致備于
秘閣廣露塵心然智者不迷迷者非智故智
士興言舉旨而通標領迷夫取悟繁詞而方啓
神襟若夫信解之來諒資神用契必精爽事
襲玄摸故信有三焉一知二見三謂愚也知
謂生知佩三堅而入正聚愚謂愚叟滯四惑

而溺欲塵化不可遷下愚之與上智中庸見信從善其若流哉是以法湮三代並惟寡學所纏故得師心獨斷楇集其計向若披圖八藏綜文義之成明尋繹九識達情智之迷解者則正信如皎日五翳雖掩而逾光矣余博訪前敘廣綜弘明以為江表五代三寶載興君邑士俗情無異奉是稱文國智藉文闡中原周魏政襲昏明重老輕佛信毀交質致使工言既申佞倖斯及時不乏賢剖心特達脫穎拔萃亦有人焉然則昏明于顯邪正相師據像則雲泥兩分論情則倚伏交養是以六術揚於佛代三張冐於法流皆大士之權謀

至人之適化也斯則滿願行三毒之邪見淨名降六欲之魔王咸開逼引之殊途各立向背之弘轍今且據其行事決滯胥陵踰達濛泉疎通性海至如寂謙之拒崔皓禍福皎然鄭藹之抗周君成敗俄頃姚安著論抑道在於儒流陳琳綴篇揚釋越於朝典此之諷議

湼而不緇鑒在諸條老難綜緝又梁周二武咸分顯晦之儀宋魏兩明同秉弘誘之略沈休文之慈濟顏之推之歸心詞彩卓然迥張物表肯以餘景誠爲舉之弊於庸朽綜集罕落有漢陰博觀沙門繫贊成紀顧惟直筆即而述之命帙題篇披圖藻鏡至若尋條揣義

有悟賢明孤文片記撮而附列名曰廣弘明集一部三十卷有梁所撰或未討尋略隨條例銓目靡舉庶得呈諸未覩廣信釋紛擬人以倫固非虛託如有隱括覽者詳焉

歸正篇第一　明佛爲大聖凡俗攸歸二儀三五不足歸敬

辨惑篇第二　明正邪互舉狂哲相陵較而考定不勞龜鏡

佛德篇第三　皇覺睠命開濟在緣從其化者言行攸別

法義篇第四　實乘獨運攝度是津得其趣者心照遐舉

僧行篇第五

紹蹤聖種人斯弘道名露三寶實副一歸

慈憫篇第六

在生所重享身寶命恕己則憐

慈爲覺本

誡功篇第七

情寄徽約縱則僑陵欲階聖撿

匪斯不震

啓福篇第八

福号樂門日用斯貴准酌乘時行而不著

滅罪篇第九

罪爲摧折起必快心覆水難收悔性相習

統歸篇第十

奉正闢邪據道成德神解既暢陳詞歌詠

廣弘明集歸正篇序

序曰夫邪正紛紜愚智繁雜自非極聖焉能兩開所以欲主天魔猶能變爲佛相況餘色有執可言哉固知一洲萬國一化千王乎與

廢立不足論評是以九十六部宗上界之天根二十五諦討極計之冥本皆陳正翔号三寶於人中咸稱大濟敷四等於天下又有曾邦孔氏遵禮樂於九州楚國李公開靈玄於五岳匪稱敎主皆述作於先王賛時體國各臣吏於機務斯並衢分限域謂流沙以東孔老之化及葱河以西異部之所統也辯御乖張理路天殊居然自別何以明其然耶故西宇大夏衆計立於我神東華儒道大略存於身國執解妄想流愛纏綿於九居倒情徙滯桂除於七識致令惑網覆心莫知投向昏波漾目寧辯歸依不可効尤務須反本原夫小道大道自古常談大聖小

聖由來共述至於親承面對曾未覺知雷同
體附相從奔競故有尅念作聖狂哲乎稱即
斯爲論未契端極昔皇覺之居舍衛二十五
年九億編戶逆從太半素玉之在赤縣門學
三虛子夏蔑而致疑顔囘獨言莫測以斯論
道又可惑焉夫以會正名聖無所不通根塵
無礙於有空陶冶莫滯於性欲形不可以相
得挺金姿之四八心不可以智求垂不共之
二九斯止一人名佛聖也故能道濟諸有幽
顯咸所歸依自餘鴻漸天衢之所未陟且自
方域位殊義非叨僭若夫天無二日國無二王
惟佛稱爲大聖光有萬億天下故令門學日

盛無國不仰其風教義聿修有識皆叅其席彼孔老者名位同俗不異常人祖述先王自無教訓何得比佛以相抗乎且據陰陽八殺之略山川望秩之祠七衆委之若遺五戒捐而不顧觀此一途高尚自足投誠況有聖種賢蹤則爲天人師表矣是知天上天下唯佛爲尊六道四生無非苦者身心常苦義畢驅馳不思此懷妄存高大大而可大則不陷於有爲既履非常固可歸於正覺有斯事類故敢序之云尒

廣弘明集歸正篇第一

梁弘明集歸正目録

唐廣弘明集歸正篇揔目

元魏孝明敍佛先後七　出魏書

元魏書釋老志第八　齊著作魏收

高齊志九　隋著作王劭

遂古篇十　梁侍中江淹

商太宰問孔子聖人一

列禦寇　一云吳太宰

太宰嚭問孔子曰夫子聖人歟對曰丘也博識強記非聖人也又問三王聖人歟對曰三王善用智勇聖非丘所知又問五帝聖人歟對曰五帝善用仁義聖非丘所知又問三皇聖人歟對曰三皇善用時聖非丘所知太宰大駭曰然則孰爲聖人乎夫子動容有間曰

丘聞西方有聖者焉不治而不亂不言而自信不化而自行蕩蕩乎人無能名焉據斯以言孔子深知佛爲大聖也時縁未昇故默而識之有機故舉然未得昌言其致矣

子書中佛爲老師二出老子符子

老子西昇經云吾師化遊天竺善入泥洹符子云老氏之師名釋迦文

余尋終古三五帝皇有事西奔罕聞東逝故軒轅遊華胥之國王邵云即天竺也又陟崑崙之墟即香山也老子迹沉扶風史述於流沙而道家諸記皆西昇崑丘而上天矣以事詳之並從於佛國也故伯益述山海申毒之

國偎人而愛人郭璞博古者曰申毒即天竺
也浮屠所興今聞之說曰地𣪠土中物瑰琛
麗民博仁智俗高理學立德厚生何負諸夏
古稱愛人之國世挺賢聖之人豈虛搆哉

漢顯宗開佛化法本內傳三　未詳作者

傳云明帝永平三年上夢神人金身丈六項
有日光寤已問諸臣下傅毅對詔有佛出於
天竺乃遣使往求備獲經像及僧二人帝乃為
立佛寺畫壁千乘万騎繞塔三帀又於南宮清
涼臺及高陽門上顯節陵所圖佛立像并四
十二章經緘於蘭臺石室廣如前集牟子所顯
傳云時有沙門迦攝摩騰竺法蘭位行難測

志存開化蔡愔使達請騰東行不守區域隨
至雒陽曉喻物情崇明信本帝問騰曰法王
出世何以化不及此荅曰迦毗羅衛國者三千
大千世界百億日月之中心也三世諸佛皆
在彼生乃至天龍鬼神有願行者皆生於彼
受佛正化咸得悟道餘處衆生無緣感佛佛
不往也佛雖不往光明及處或五百年或一
千年或一千年外皆有聖人傳佛聲教而化
導之廣說教義文廣故略也傳云永平十四
年正月一日五岳諸山道士朝正之次自相
命曰天子弃我道法遠求胡教今因朝集可
以表抗之其表略曰五岳十八山觀太上三

洞弟子褚善信等六百九十人死罪上言臣
聞太上無形無名無極無上虛無自然大道
出於造化之前上古同遵百王不易今陛下
道邁羲皇德高堯舜竊承陛下弃本追末求
教西域所事乃是胡神所說不參華夏願陛
下恕臣等罪聽與試驗臣等諸山道士多有
徹視遠聽博通經典從元皇已來太上群錄
太虛符祝無不綜練達其涯極或策使鬼神
吞霞飲氣或入火不燒或履水不溺或白日
昇天或隱形不測至於方術無所不能願得
與其比校一則聖上意安二則得辨眞僞三
則大道有歸四則不亂華俗臣等若比對不

如任聽重决如其有勝乞除虛妄勑遣尚書
令宋庠引入長樂宮以今月十五日可集白
馬寺道士等便置三壇壇別開二十四門南
岳道士褚善信華岳道士劉正念恒岳道士
桓文度岱岳道士焦得心嵩岳道士呂惠通霍
山天目五臺白鹿等十八山道士祁文信等
各賫靈寶眞文太上玉訣三元符錄等五百
九卷置於西壇茅成子許成子黃子老子等
二十七家子書二百三十五卷置於中壇饌
食奠祀百神置於東壇帝御行殿在寺南門佛
舍利經像置於道西十五日齋訖道士等以
柴荻和檀沉香爲炬遶經泣曰臣等上啓太

極大道元始天尊衆仙百靈今胡神亂夏人主信邪正教失蹤玄風墜緒臣等敢置經壇上以火取驗欲使開示蒙心得辨眞僞便縱火焚經經從火化悉成煨燼道士等相顧失色大生怖懼將欲昇天隱形者無力可能禁劾鬼神者呼策不應各懷愧恥南岳道士費叔才自感而死太傅張衍語褚信曰卿等所試無驗即是虛妄宜就西來眞法褚信曰茅成子云太上者靈寶天尊是也造化之作謂之太素斯豈妄乎衍曰太素有貴德之名無言教之稱今子說有言教即爲妄也信默然時佛舍利光明五色直上空中旋環如蓋遍覆

大衆映蔽日光摩騰法師踴身高飛坐卧空中廣現神變于時天雨寶華在佛僧上又聞天樂感動人情大衆咸悦歎未曾有皆遶法蘭聽説法要并吐梵音歎佛功德亦令大衆稱揚三寶説善惡業皆有果報六道三乘諸相不一又説出家功德其福最高初立佛寺同梵福量司空陽城侯劉峻與諸官人士庶等千餘人出家四岳諸山道士吕惠通等六百二十人出家陰夫人王婕好等與諸宫人婦女二百三十人出家便立十所寺七所城外安僧三所城内安尼自斯巳後廣矣傳有五卷略不備載有人疑此傳近出本無角力之

事案吴書明費叔才感死故傳爲實録矣

後漢書郊祀志四　出范曄漢書

志曰佛者漢言覺也將以覺悟群生也統其
教以修善慈心爲主不殺生類專務清淨精
進者爲沙門漢言息心剔髮去家絶情洗慾
而歸於無爲也又以人死精神不滅隨復受
形所行善惡後生皆有報應所貴行善以練
其精神練而不已以至無生而得爲佛也身
長一丈六尺黄金色項中佩日月光變化無常
無所不入故能化通万物而大濟群生也有
經書數千卷以虚無爲宗包羅精粗無所不
統善爲宏闊勝大之言所求在一體之内所

明在視聽之表歸依玄微深遠難得而測故王公大人觀生死報應之際無不懅然自失也魏書云其佛經大抵言生生之類皆因行業而起有過去當今未來三世也其修道階次等級非一皆緣淺以及深藉微以爲著率在於積仁順蠲嗜慾習虛靜而成通照也云云

吳主孫權論叙佛道三宗五 出吳書

孫權赤烏四年有康居國大承相長子弃俗出家爲沙門厥名僧會姓康氏神儀剛正遊化爲任時三國鼎峙各擅威權佛法久被中原未達江表會欲道被未聞化行南國初達建鄴營立茅茨設像行道吳人初見謂爲妖異

有司奏聞吴主曰佛有何靈驗耶會曰佛晦
靈迹出千餘載遺骨舍利應現無方吴主曰
若得舍利當爲立塔經三七日遂獲舍利五
色耀天剖之逾堅燒之不然光明出火作大
蓮華照曜宫殿臣主驚嗟希有瑞世信情大
發因爲造塔度人立寺以其所住爲佛陁里
又以教法初興故名建初寺焉下勑問尚書
令闞澤曰漢明已來凡有幾年佛教入漢既
久何緣始至江東澤曰自漢明永平十年佛
法初來至今赤烏四年則一百七十年矣初
永平十四年五岳道士與摩騰角力之時道
士不如南岳道士褚善信費叔才等在會自

慼而死門徒弟子歸葬南岳不預出家無人
流布後遭漢政陵遲兵戎不息經今多載始
得興行又曰孔丘李老得與佛比對不澤曰
臣聞魯孔老者英才誕秀聖德不群世号素
王制述經典訓奬周道教化來葉師儒之風
澤潤今古亦有逸民如許成子原陽子莊子
老子等百家子書皆修身自翫放暢山谷縱
佚其心學歸澹泊事乖人倫長幼之節亦非
安俗化民之風至漢景帝以黃子老子義艷
尤深改子爲經始立道學勑令朝野悉諷誦
之若以孔老二教比方佛法遠則遠矣所以
然者孔老二教法天制用不敢違天諸佛設

教天法奉行不敢違佛以此言之實非比對今見章醮似俗酒脯碁琴行之吴主大悦以澤爲太子太傅云云

宋文帝集朝宰論佛教六　出高僧等傳

文帝即宋高祖第三子也聰睿英博雅稱令達在位三十年嘗以暇日縱容而顧問侍中何尚之吏部羊玄保曰朕少來讀經不多比日弥復無暇三世因果未辨措懷而復不敢立異者正以卿輩時秀率所敬信也范泰謝靈運常言六經典文本在濟俗爲政必求性靈眞奧豈得不以佛理爲指南耶近見顔延之折達性論宗炳難白黒論明佛法深尤爲名理並足開奬人意若使率土之濱皆敦此化

則朕坐致太平矣夫復何事尚之對曰悠悠之徒多不信法以臣庸弊更荷褒拂非所敢當之至如前代羣英則不負明詔矣中朝已遠難復盡知度江已來則王導周顗庾亮王濛謝尚郗超王坦王恭王謐郭文舉謝敷戴逵許詢及亡高祖兄弟及王元琳昆季范汪孫綽張玄殷覬等或宰輔之冠蓋或人倫之羽儀或置情天人之際或抗迹烟霞之表並稟志歸依措心歸信其間比對則蘭護開潛深遁崇邃皆亞迹黃中或不測之人也慧遠法師嘗云釋氏之化無所不可適道固自教源濟俗亦爲要務竊尋此說有契理要若使家

家奉戒則罪息刑清陛下所謂坐致太平誠如聖旨羊玄保進曰此談蓋天人之際豈臣所宜預竊謂秦楚論强兵之事孫吴盡吞併之術將無取於此也帝曰此非戰國之具良如卿言尚之對曰夫禮隱邃則戰士怠貴仁德則兵氣衰若以孫吴爲志苟在吞噬亦無取堯舜之道豈惟釋教而已哉帝曰釋門有卿亦猶孔門之有季路所謂惡言不入於耳也自是文帝致意佛經及見嚴觀諸僧輒論道義屢延殿會躬御地筵同僧列飯時有沙門竺道生者秀出羣品英義獨拔帝重之嘗述生頓悟義僧等皆設巨難帝曰若使逝者可

興豈爲諸君所屈時顏延之著離識論帝命
嚴法師辨其同異往返終日笑曰公等今日
無愧支許之談也云云

元魏孝明召佛道門人論前後七 出魏書

正光元年明帝加朝服大赦天下召佛道二
宗門人殿前齋訖侍中劉騰宣勑請法師等
與道士論議以釋弟子疑網時清通觀道士
姜斌與融覺寺僧曇謨最對論帝曰佛與老
子同時不斌曰老子西入化胡佛時以充侍
者明是同時最曰何以知之斌曰案老子開
天經是以得知最曰老子當周何王幾年而

生周何王幾年西入弑曰當周定王即位三年乙卯之歲於楚國陳郡苦縣厲鄉曲仁里九月十四日夜子時生至周簡王四年丁丑歲事周爲守藏吏簡王十三年遷爲太史至敬王元年庚辰歲年八十五見周德凌遲與散關令尹喜西入化胡斯足明矣最曰佛以周昭王二十四年四月八日生穆王五十三年二月十五日滅度計入涅槃後經三百四十五年始到定王三年老子方生生已年八十五至敬王元年凡經四百二十五年始與尹喜西遁據此年載懸殊無乃謬乎弑曰若佛生周昭之時有何文記最曰周書異記漢法

本內傳並有明文斌曰孔子既是制法聖人
當時於佛迴無文記何耶最曰仁者識同管
窺覽不弘遠案孔子有三備卜經謂天地人
也佛之文言出在中備仁者早自披究不有
此迷斌曰孔子聖人不言而知何假卜乎最
曰惟佛是衆聖之王四生之首達一切含靈
前後二際吉凶終始不假卜觀自餘小聖雖
曉未然之理必藉蓍龜以通靈卦也侍中尚
書令元又宣
勑語道士姜斌論無宗旨宜下席
又問開天經何處得來是誰所說即遣中書
侍郎魏收尚書郎祖瑩等就觀取經帝令議

之太尉丹陽王蕭綜太傅李寔衛尉許伯桃吏部尚書邢巒散騎常侍温子昇等一百七十人讀訖

奏云老子止著五千文更無言說臣等所議姜斌罪當惑衆帝加斌極刑三藏法師菩提流支苦諫乃止配徒馬邑

廣弘明集卷第一　典

澆淳上古堯反澆薄也淳厚也混胡夲反雜也倿辯上奴定反虐魚却反酷丨也屏音餅除也旋踵下之勇反丨丨迴足也肇音趙始也丨覈閑隔反考丨也蔽必祭反掩也翔集上音祥飛丨也來也弊毗祭反丨惡也五滓下側史反濁也銓七全反具也經緯下音謂列辟下必亦反

羣僚風規下俱弥反辯駮下必角反窮較下音角比也一音教神
也襟下音今丨懷也襲音習變叟二同息走反溺奴的反沒丨也中庸
下音容湮音因沉也尋繹下音亦理也解也五翳下一計反綜子宋
反惣也剖心上廷口反脫穎下餘領反鋅利也拔萃下才遂反衆也
鄂轍下直列反車跡也胥淩上息徐反相也裰謙上苦僕反姓也謁
於害反人名抗苦浪反拒也姚音遥姓也抑意力反琳音林綴篇
上知衛反涅涂泥即黑緇側詞反里也綜緝上子宋反下七入反揣
義上初委反丨量撮七活反
第一卷
攸歸上音由所也軼徒結反過也或作迭丨乎也睠命上音眷享身
上許兩反當也受也則潾音隣恐非也疑作蹸良刃反難行也更詳定懲約
上音澄誡也僑陵二字正作驕陵謂驕慢欺陵也欒門上郎官反摧折

上自雷反暢丑向反樂也紇紛上俱有反下芳文反雜亂也徙滯上所
綺反穊也祛除上丘於反散也漾目上余向反蕩丨也蔑莫結反陶
冶桃野二音鑪鑄也挻金上亭頂反出也叨僭下子念反擬也袂遲一
反祭也祠音詞廟也捐音緣棄也陷咸字去聲析㭊二同先擊反分丨也
通駮下必角反郊祀音似祭也江淹下邑盐反緒音序邵時照反
彥琮上魚箭反下在宗反曄于輒反禦寇上音語下苦候反嚭疋鄙
反吴太宰名也大駭下胡貿反驚也軒轅下音園丨丨黃帝華胥下息
徐反崐崘昆論二音墟丘居反立丨也偎人烏迴反郭璞下疋角反
壤汝兩反肥土也傅毅上音付魚既反下蔡愔下於令反雒陽上音
落褚丑呂反姓也邁莫敗也羲皇上興宜反伏丨帝符柷下呪
字涯極上音宜又吾佳反丨岸也宋庠下音祥華岳上去聲西岳名
恒岳上戶登反南岳也桓戶官反姓也岱岳上音代北岳也嵩山

上息弓反中岳也祁渠夷反姓也柴荻下徒的反蘆|煨燼上烏回反
下徐刃反火燒之餘愧恧下尼六反慙也費房味反姓也衍音演峻私閏
反人名婕妤接余二音宮妃美号剃髮上他弟反削|宏闊上惠萌反
大也懅然上其預反懼也一音渠大抵下音底蠲俱玄反除也鼎
峙上音頂下直里反||三處而立建鄴下音業地名茅茨上莫交反
下疾咨反|草屋也剖廷口反破也闞澤上苦濫反誕音但大也縱

佚下夷一反澹泊上音淡下音魄安靜日||章醮下子笑反|祭也
聰睿下羊歲反明也暇日上音夏閑|也從容上七恭反措懷上七
故反置宗炳下音丙悠悠音由遠也褒拂上博毛反顗語豈反名
庾亮上於主反下力向反人名郄丘逆反謐音蜜逵具惟反詢息旬
反緩玄伴反汪烏光反綽昌約反覬居冀反遁徒困反崇
邃下私遂反||高深也吞噬下音逝|齧也屢力住反頻也萋葳

上音薑下融覺上余弓反謬乎上苗幼反管窺下傾弥
布巾反弓反幼反反如管
中窺天所必藉下才夜反著龜上音尸草也筮
見極少也夜反著日筮龜日卜
紆定欒盧官
反反

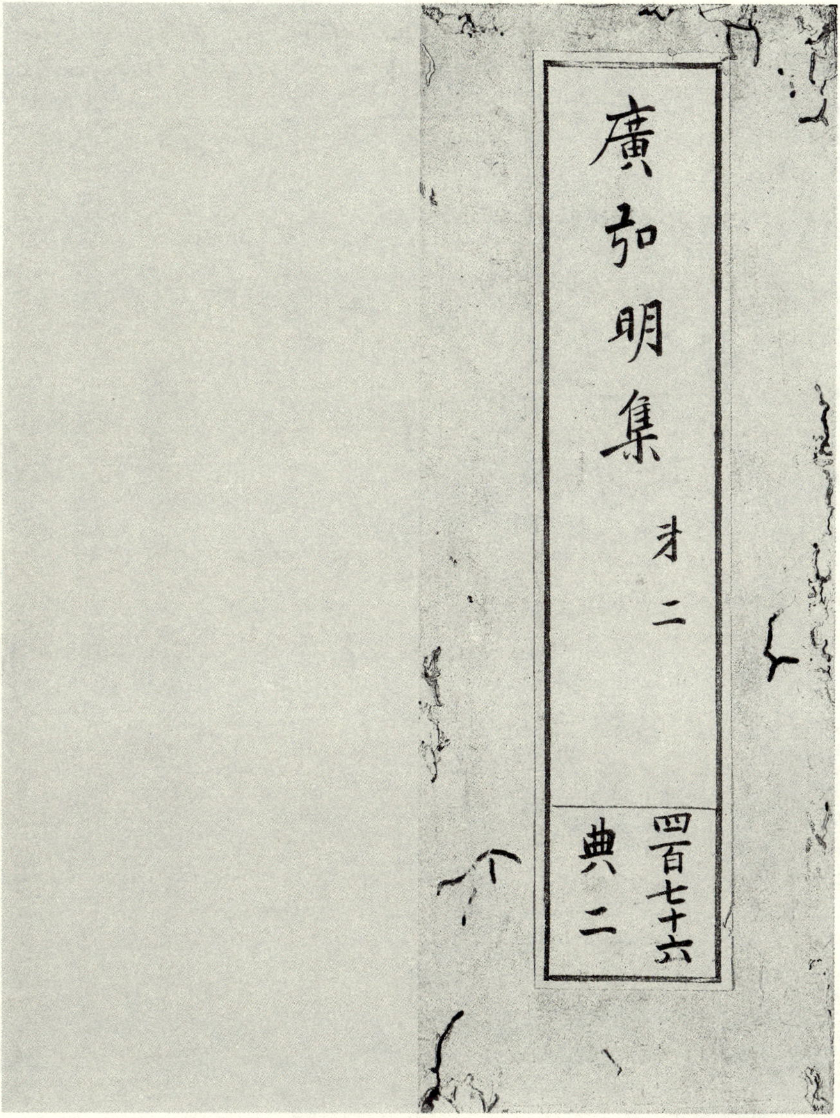

廣弘明集　才二

四百七十六

典二

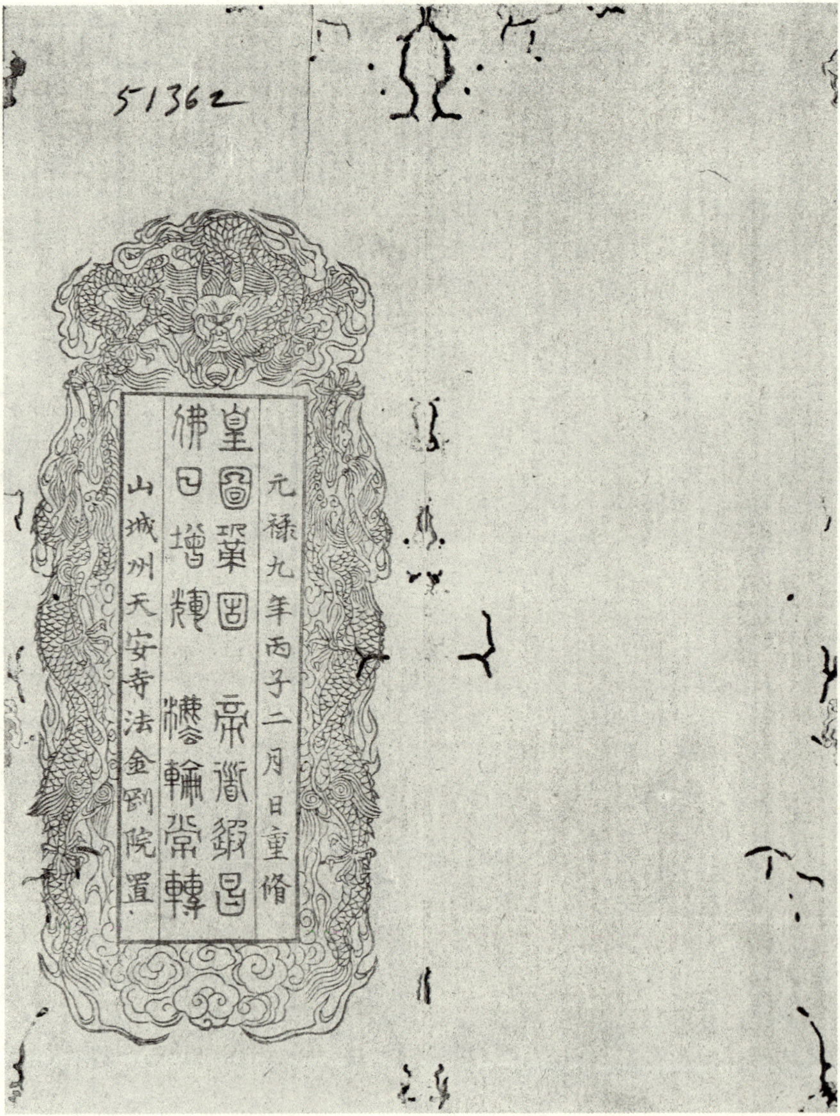
51362
元祿九年丙子二月日重脩
皇圖鞏固 帝道遐昌
佛日增輝 法輪常轉
山城州天安寺法金剛院置

廣弘明集卷第二

唐終南山釋氏　典

歸正篇第一之二

元魏書釋老志　齊著作魏收

高齊書述佛志　隋著作王邵

魏書釋老志八

齊著作魏收

大人有作司牧生民結繩以往書契所絕羲軒已還至於三代墳典之迹爲秦所焚漢採遺籍復若山丘固使六家七略班馬區異釋氏之學聞於前漢武帝元狩中霍去病獲琨琊王及金人率長丈餘帝以爲天神列於甘

泉宮燒香禮拜此則佛道流通之漸也及開西域遣張騫使大夏還云身毒天竺國有浮圖之教哀帝元壽中景憲受大月氏王口授浮圖經

後漢明帝夢金人項有日光飛行殿庭傅毅始以佛對帝遣郎中蔡愔博士秦景等使於天竺寫浮圖遺範仍與沙門迦攝摩騰竺法蘭還雒陽又得經四十二章及釋迦立像帝令畫工圖之置清涼臺及顯節陵上緘經於蘭臺石室浮圖或言佛陁聲相轉也譯云淨覺言滅穢成明道為聖悟也

凡其經旨大抵言生生之類皆因行業而起

有過去當今未來歷三世識神常不滅也凡
爲善惡必有報應漸積勝業陶冶麤鄙經無
數形澡練神明乃致無生而得佛道也其間階
次心行等級非一皆緣淺以至深藉微而爲
著率在於積仁順蠲嗜慾習虚靜而成通照
也故其始修心則依佛法僧謂之三歸若君
子之三畏也又有五戒去殺盜婬妄言飲酒
大意與仁義禮信智同云奉持之則生天勝
處虧犯則墜鬼畜諸苦又善惡生處凡有六
道焉
諸服其道者則剃落鬚髮釋累辭家結師資
遵律度相與和居治心修淨行乞以自給謂

之沙門或曰桑門亦聲相近也其根業各差
謂之三乘聲聞緣覺及以大乘取其可乘運
以至道爲名也上根者修六度進万行拯度
億流弥歷長遠登覺境而号爲佛也
本師釋迦文此譯能仁謂德充道備堪濟万
物也降於天竺迦維羅衛國王之子生於四
月八日夜從母右脇而出姿相超異者三十
二種天降嘉瑞亦三十二而應之以二月十
五日而入涅槃此云滅度或言常樂我淨明
無還謝及諸苦累也又云諸佛有二義一者
眞實謂至極之體妙絕拘累不得以方處期
不可以形量限有感斯應體常湛然二權應

者謂和光六道同塵万類生滅隨時脩短應物形由感生體非實有權形雖謝眞體不遷但時無妙感故莫得常見耳斯則明佛生非實生滅非實滅也佛既謝往香木焚屍靈骨分碎大小如粒擊之不壞焚亦不焦而有光明神驗謂之舍利弟子收奉竭香華致敬慕建宮宇謂之爲塔猶宗廟也故時稱爲塔廟者是矣於後百年有王阿育者以神力分佛舍利役諸鬼神造八万四千塔布於世界皆同日而就今雒陽彭城姑臧臨淄皆有阿育王寺蓋承其遺迹焉而影迹爪齒留於天竺中途來往者咸言見之初說教法後皆著錄綜

覈深致無所漏失故三藏十二部經如九流之異統其大歸終以三乘爲本後有羅漢菩薩相繼著論贊明經義以破外道皆傍諸藏部大義假立外問而以内法釋之傳於中國漸流廣矣漢初沙門皆衣赤布後乃易以雜色至於微言隱義未之詳究有沙門常山衛道安性識聰敏日誦万餘言研求幽旨慨無師匠獨坐靜室十有二年覃思搆精神悟妙賾以前出經多有舛駮乃正其乖謬亦後沙門傳法大著中原

魏先王建國出於玄朔風俗淳一與西域殊絶故浮圖聲教未之得聞及神元與魏晉通聘

文帝在洛陽昭成在襄國備究南夏佛法之事太祖平中山經郡國見沙門皆致敬禁軍旅無有所犯有沙門僧朗與其徒隱于泰山帝致書以繒素氈毲鉢錫爲禮今猶号朗公谷焉

天興元年下詔曰夫佛法之興其來遠矣濟益之功冥及存沒神蹤遺法信可依憑其勑有司於京城建飾容範修整宮舍令信向之徒有所居止是歲作五級佛啚耆闍崛山及須彌山殿加以繢飾別搆講堂禪房及沙門座莫不嚴具焉

太宗踐位亦遵先業京邑四方建立圖像仍

令沙門敷導民俗皇始中趙郡沙門法果戒行精至開演法籍太祖詔徵以爲沙門統綰攝僧徒言多允愜供施甚厚太宗崇敬弥加於前永興中前後授以輔國宜城子忠信侯安城公之号皆固辭帝常親幸其居以門狹小不容輿輦更廣大之年八十餘大常中卒帝三臨其喪追贈老壽將軍趙胡靈公初果年四十始爲沙門有子曰猛詔令襲果所加爵云云所述沙門等文多不載也世祖燾即位亦遵太祖太宗之業每引高德沙門與共談論四月八日輿諸佛像行於廣衢帝親御門樓臨觀散華以致禮敬

世祖平赫連昌得沙門惠始本張氏清河人聞羅什出經詣長安見之覲習禪定於白渠北晝則入城聽講夕還處靜三輔有識者多宗之劉裕滅姚泓留子義眞鎮長安眞及僚佐皆敬重焉後義眞之去長安也赫連屈丐追敗之道俗少長咸見坑戮惠始身被白刃而體不傷屈丐大怒召始於前以所佩寶劒自擊之又不能害乃懼而謝罪後至京都多所訓導人莫測其迹世祖重之每加禮敬自初習禪至於沒世五十餘年未嘗寢卧跣行泥塵初不汙足色踰鮮白世号曰白脚阿練自知終期齋絜端坐僧徒滿側凝泊而絕停

屍十日容色如一死十餘年開殯改葬初不傾壞舉世異之送葬者六千餘人莫不感慟中書監高允爲傳頌其德迹冢上立石精舍圖像存焉

世祖雅好莊老諷味晨夕而富於春秋銳志武功雖歸宗佛法敬重沙門而未覽經教深求緣報之旨及得寇謙之道以清淨無爲有仙化之證遂信行其術司徒崔浩奉謙之道尤不信佛每與帝言數加誹毀謂虚誕爲世費帝以其辨博頗信之會蓋吳反於杏城關中騷擾帝西伐至長安入寺中觀馬沙門飲從官酒入其便室見有財産弓矢及牧守富

人所寄藏物蓋以万計帝先忿沙門非法浩
時從行因進其說下詔誅長安沙門焚破佛
像勑留臺下四方一依長安行事又詔曰彼
沙門者假西戎虚誕妄生妖孽非所以齊一
政化布淳德於天下也自王公已下有私養
沙門者皆送過期不出沙門身死容者誅一
門時恭宗爲太子監國素敬佛道頻表陳刑殺
之濫又非圖像之罪再三帝不許乃下詔曰
昔後漢荒君信惑邪僞妄假睡夢信胡妖鬼
以亂天常自古九州無此也誇誕大言不本
人情叔季之世闇君亂主莫不眩焉由是政
教不行禮義大壞鬼道熾盛視王者之法蔑

如也自此已來繼代禍亂天罰亟行生民死
盡五服之内鞠爲丘墟千里蕭條不見人跡
皆由於此朕承天緒屬當窮運之弊欲除僞
定真復犧農之政其一切蕩除胡神滅其蹤
迹庶無謝於風氏矣自今已後敢有事胡神
及造其形像泥人銅人者門誅雖言胡神問
今胡人若有若無皆是前代漢人無賴子弟
劉元眞呂伯强之徒接乞胡之誕言用老莊
之虚假附而益之皆非眞實至使王法廢而
不行蓋大姦之魁也世有非常之人能行非
常之事非朕孰能去此歷代之僞物有司宣
告在所諸有佛圖形像及胡經皆擊破焚除

沙門無論少長悉坑之是歲眞君七年三月也
恭宗言雖不用然猶緩宣詔書遠近預知各
得爲計京邑四方沙門多亡匿而免者其金
銀寶像經論大得秘藏至於土木寺塔聲教
所及皆畢除毁
集論者曰帝本戎馬之鄉素絶文義之迹既
參軍事所往誅殄唯斯爲政餘無涉言故殺
史官耻述過也屬崔浩密搆莫識佞辯遂行
誅除時以爲一代之快意也不久癘及追悔
者無由覩崔浩若仇讎淫刑酷毒爲天下同
笑也初浩與寇謙同徒苦與浩爭浩不從謙
曰卿今促年受戮滅門户矣至眞君十一年浩

誅備五刑時年七十帝頗悔之然事已行難
中修復恭宗潛欲興之未敢言也時法令寬
施存信之家奉事沙門竊法服講誦者殺矣
至十三年二月因癘而崩子晃讒死而孫立焉
檢別傳浩非毀佛法宗尚天師寇謙之學仙
道也妻郭氏敬信釋典誦金剛般若經浩取
焚之捐灰於廁及幽執檻車送于城南使衞
士十人行溲其上呼聲嗷嗷聞于行路浩曰
斯吾投經之現報也初浩得肆其佞誅夷釋
門深文加謗昌言下詔以爲妖鬼之大魁也
帝未委之可謂非常之人能行非常之事信
矣浩門既誅清河崔氏無遠近及范陽盧氏

太原郭氏河東柳氏皆浩之親姻也盡夷其族詩云讒人罔極交亂四國驗矣

集論者曰自古三公之加刑者斯最酷也豈非恨其飾詐邪佞濫毒仁祠致禍及躬無由自免顯戮讒搆密悔前愆克己復禮固難則矣不自責於闇惑方乃作虐尤人終非靜過畢爲噬臍者所及昔龍逢之遭夏桀比干之剖殷辛立炮烙以樹嚴刑設酒池以悅臣妾時人豈謂爲正化也縱而飾非褒而唱善及後南巢被放白旗懸首無有代者身自當之國除身喪無所追收禍不旋踵自貽伊戚降斯已後代代率然禪讓之道魏文開其實録覈於

終古堯舜其猶病諸故佛經曰二儀尚殞國
有何常斯至言也世祖若能撫躬反問本緣
幽都禮義之所不行慈濟由來莫識不知昔
乘何業奄有中原如何恣此昏凶行茲傲虐
事不可也用此自勵追悔絶乎
時有沙門玄高者空門之秀傑也通靈感衆
道王河西涼平東歸太武信重爲太子晃之
師也晃孝敬自天崇仰佛法崔寇得倖於帝
恐晃攝政或見危逐遂密讒於帝謂有異圖可
不先慮帝乃信之便幽太子於深宮帝夢其祖
父執劍怒曰太子仁孝忠誠允著如何信讒
帝寤集朝臣以述之諸雄伯曰太子無事枉

見幽辱文帝信之以眞君五年正月下詔曰
朕承祖宗重光之緒思闡鴻業恢隆万代武
功雖昭而文教未暢非所以崇太平之治也
今域内安逸百姓富昌宜從制度爲万世之
法夫陰陽有往復四時有代序授子任賢安
全相付所以休息疲勞式固長久古今不易
之令典也可令皇太子副理万機摠統百揆
更擧賢良以備列職擇人授任而黜陟之其
朝士庶民皆稱臣於太子太太崔浩又譖云太
子前事實有謀心但結高公道術故令先帝
降夢如此勿論事迹難明若不早除必爲巨
害帝又納之即幽太子死之又收高於平城

南纖之即宋元嘉二十一年也尒夜門人莫知其死忽有光明繞塔入房有聲曰吾巳逝矣弟子等崩赴屍所請告遺訣高歷然起坐曰大法應化隨緣盛衰盛衰在迹理恒湛然但念汝等不久復當如我耳汝等死後法當復興善自修心無令後悔言巳便卧而絶崔浩讒辞既深能令父猜其子乃至幽死況沙門乎

太武以眞君十三年二月五日崩太子先巳幽死吴王以九日即位改元永平十月一日吴王又崩帝孫諱濬即位改元興安是爲文成帝也廟号高宗然佛教遠大光明四海此洲

万國無王不奉北魏雖除南宋弥盛稱爲眞
君明主不亦惑乎猜子而信賊臣孰可悼乎
感癘而自嬰禍斯酷甚乎民思亙政存立非
一興安元年高宗踐極下
詔曰夫爲帝王者必祗奉明靈顯彰仁道其
能惠著生民濟益羣品者雖存往古猶序其
風列是以春秋嘉崇明之禮祭典載功施之
族況釋教如來功濟大千惠流塵境尋生死
者歎其達觀覽文義者貴其妙門助王政之
禁律益仁智之善性排撥羣邪開演正覺故
前代已來莫不崇尚亦我國家常所尊事也
世祖太武皇帝開廣邊荒德澤遐被沙門道

士善行純誠如惠始之倫無遠不至風義相感往往如林夫山海之深怪物多有姦淫之儔得容假託諸寺之中致有凶黨是以先朝因其瑕釁戮其有罪有司失旨一切禁斷景穆皇帝每爲慨然值軍國多事未遑修復朕承鴻緒君臨万邦思述先志以隆斯道今制諸州城郡縣於衆居之所各聽建佛圖一區任其財用不制會限其有好樂道法欲爲沙門不問長幼出於良家性行素篤鄉里所明者聽出家率大州五十人小州三十人足以化惡就善播揚道教也於即天下承風朝不及夕往時所毀圖寺並還修復佛像經論皆

得顯出于時罽賓王種沙門師賢者東遊涼
城又遊京下值罷佛法權假醫術而守道不
改於修復日即爲沙門同輩五人帝親爲下
髮賢爲僧統 云云
興光元年 勑有司於五級大寺爲太祖已
下五帝鑄釋迦文像五軀各長一丈六尺用赤
金二十五万斤沙門曇曜帝禮爲師請帝於
京西武州西山石壁開窟五所鐫佛像各一
高者七十尺次六十尺彫飾奇偉冠於万代
今時見者傳云谷深三十里東爲僧寺名曰
靈巖西頭尼寺各鑿石爲龕容千人已還者
相次於北石崖中七里極高峻佛龕相連餘

處時有斷續佛像數量孰測其計有一道人年八十禮像爲業一像一拜至于中龕而死尸彊伏地以石封之今見存焉莫測時代在朔州東三百里恒安鎮西二十餘里往往來者述之誠不思議之福事也皇興元年高祖考孝誕載於恒安北臺起永寧寺七級佛圖高三百餘尺基架博敞爲天下第一又於天宮寺造釋迦文像高四十三尺用赤金十万斤黃金六百斤又搆三級石佛圖高十丈榱棟楣楹上下重結大小皆石鎮固巧密爲京華壯觀延興元年顯祖獻文禪位於太子僧葢一名宏即孝文也年五歲聰聖玄覽窮神

知幾既初踐位顯祖移御北苑崇光宮統習
玄籍建鹿野佛圖於苑中之西山去崇光右
十里巖房禪室禪僧居之
承明元年顯祖太上皇崩造建明寺尒後建
福度僧立寺非一
太和十六年下詔每年四月八日七月十五
日聽大州一百人爲僧尼中州五十人下州三
十人著令以爲常准
太和十九年帝幸徐州白塔寺顧諸王侍臣
曰此寺近有名僧嵩法師者受成實論於羅
什後授淵法師淵又授登紀二法師朕每翫
成實可以釋人深情故至此寺道登雅有義

業高祖眷賞恒侍講論於禁内及卒帝悼惜
施帛千疋設一切僧齋京城七日行道下詔
曰朕師登法師奄至殂背痛怛摧慟不能已
已比藥治慎喪未容即赴便准師義哭諸門
外緇素榮之
西域沙門跋陁者有深道業帝所敬重詔於
少室山陰立少林寺以居之公給衣供
二十一年五月詔曰羅什法師可謂神出五
才志入四行者也今常住寺獨有遺蹤欽悅
修迹情深遐迹可於舊堂所爲建三級佛圖
又見逼昬虐爲道珍軀既暫同俗禮應有子
胤可推訪以聞當加敘接先是立監福曹又

改爲昭玄備有官屬以斷僧務即如今同文寺崇玄署是也高祖時知名沙門有道順慧覺僧意慧紀僧範道辯慧度智誕僧顯僧義僧利並以義行重焉

有魏孝文聖天子也五歲受禪十歲服冕太和十八年遷都於洛二十年改姓爲元氏文章百篇冠絕終古初登詔誥假手有司太和巳後並自運筆前後諸帝不能及之如僧行篇所下詔也

世宗即位下詔曰緇素既殊法律亦異故道教彰於互顯禁勸各有所宜其僧犯殺人巳上罪者依俗格斷餘犯悉付昭玄以內律僧

制判之熙平元年詔遣沙門慧生使西域采
經律涉七載正光三年冬還所獲經論一百
七十部
景明初世宗詔大長秋卿准代京靈巖寺石
窟於洛南伊闕山爲
高祖文昭皇太后營石窟二所去地三百一
十尺後以斬山太高費功難就奏移就下平
去地一百尺南北一百四十尺永平中爲世
宗造石窟三所從景明元年至正光四
年二十四載方成用工八十万二千三百六
十六
肅宗熙平中於城内起永寧寺靈太后親率

百僚表基立刹塔有九層高四十餘丈費用不可勝計景明寺塔亦其亞也尒後官私寺塔其數甚衆

神龜元年司空尚書令任城王澄奏寺塔漸多妨民居事略云如來闡教多約山林今此僧徒戀眷城市豈湫隘是經行所宜浮諠是栖禪之地當由利引其心莫能自止且任者旣失其眞造者或損其福乃釋氏之糟糠法門之社鼠內戒所不容王典所宜弃矣奏可未幾天下喪亂加以河陰之禍朝士死者復捨其家爲寺禁令不復行焉

興和二年詔以鄴城舊宮爲天平寺世宗已

來至武定末沙門知名者有慧猛慧辯慧深僧暹道欽僧獻道晞僧深慧光慧顒法榮道長並見重道俗自魏有天下至於禪讓佛經流通大集中國凡四百一十五部合一千九百一十九卷正光巳後天下多虞王役尤甚於是所在編户相從入道假慕沙門實避調役猥濫之極自中國有佛法未之有也略討僧尼二百餘万其寺三万有餘流弊不歸一至於此識者所以太息矣

道家之源出於老子其自言也先天地生以資万類上處玉京爲神王之宗下在紫微爲飛仙之主千變万化有德不德隨感應物厥

迹無常授軒轅於峨眉教帝嚳於牧德大禹聞長生之訣尹喜受道德之旨至於丹書紫字昇玄飛步之經玉石金光妙有靈洞之說不可勝紀其爲教也咸蠲去邪累澡雪心神積行樹功累德增善乃至白日昇天長生世上是以秦皇漢武甘心不息勞心竭事所在追求終莫之致退恨於後故有欒大徐氏之誅然其道惑於人効學非一靈帝置華蓋於濯龍設壇場而爲禮及張陵受道於鵠鳴因傳天宮章本千有二百弟子相授其事大行齋祀跪拜各有成法於是三元九府百二十官一切諸神咸所統攝又稱劫數頗竊佛經及

其劫終稱天地俱壞其書多有禁秘非其徒
不得輒覩至於化金銷玉行符勑水奇方妙
術万等千條上云羽化飛天次稱消灾滅禍
故好異者往往而尊事之初文帝入賓於晉
從者云登仙伊闕太祖好老子之言誦詠不倦
天興中儀曹郎董謐上服食仙經數十篇乃
置仙人博士立仙坊煑練百藥封西山以供
其薪蒸令死罪者服之多死無驗太祖猶特
修焉太醫周澹苦其煎採之役欲廢其事陰
令妻貨仙人博士張曜妾得曜隱罪曜懼死
因請自辟穀太祖許之給曜資用為造靜堂
於苑中給洒掃民二家而練藥之官乃為不

息久之木祖意之少懈乃止
世祖時道士寇謙之字輔真南雍州刺史讚之
弟早好仙道修張魯之術服食餌藥歷年無
効有仙人成公興傭作謙家後謙之筭七曜
惘然不了興曰何爲不懌謙之曰我學筭累
年近筭周髀不合興令依言布之俄尒便決
謙嘆服欲師事興固辭求爲謙之弟子未幾
與入華山居石室興採藥與謙服不復飢又
共入嵩高山石室曰當有人將藥來得但食
莫疑尋有人將藥至皆是毒虫臭物謙之懼
走興還具問便嘆息曰先生未仙正可爲帝
王師耳興事謙七年便曰不得久留明中應

去至期果卒見兩童子一持法服一持錫杖及鉢至與屍所興欻然而起著衣持鉢執杖而去

謙之守志嵩岳以神瑞二年十月遇大神乘雲駕龍導從百靈集於山頂稱太上老君謂謙之曰自天師張陵去世已來地上曠職上谷寇謙之文身直理吾故教授汝天師之位賜汝雲中新科二十卷自開闢已來不傳於世汝宣吾新科清整道教除去三張僞法租米錢稅及男女合氣之術大道清虛寧有斯事專以禮度爲首加之以服食閉練使玉女九疑十二人授謙導引口訣遂得辟穀氣盛顏

邑鮮麗弟子十餘人皆得其術
泰常八年十月有牧土上師李普文來嵩岳
云老君之玄孫也昔居代郡桑乾漢武帝時
得道爲牧土宫主領治三十六土人鬼之政
地方十八万里其中爲方万里者有三百六
十方遣弟子云嵩岳所統廣漢方万里以授

謙之作誥云云
録圖六十卷眞經付汝輔佐北方泰平眞君
出天宫靜輪之法能興造克就則超登眞仙矣
又云地上生民末劫垂及行教甚難男女立
壇宇朝夕禮拜云云
又云二儀之間有三十六天天别三十六宫

宫有一主其赤松王喬韓終張安世劉根張陵近世仙者並爲翼從命謙之與羣仙爲友又云佛者昔於西胡得道在三十二天爲延真宫主勇猛苦教故其弟子皆髡形染衣斷絕人道天上衣服悉然

始光年中初奉其書獻之世祖乃令謙之止於張曜辟穀之所供其食物朝野聞之若存若亡未全信也

崔浩獨異其言因師事之受其法術上疏贊明其事曰臣聞聖王受命則有天應而河洛圖書寄言於虫獸之文未若今日人神接對手筆粲然辭旨深妙自古無比昔漢高英聖

四晧猶或耻之不爲屈節今清德隱仙不召自至斯誠陛下併蹤軒黃應天之符也豈可以世俗常談而忽上靈之命臣竊懼之世祖欣然（時年九歲）乃使謁者奉玉帛牲牢祭嵩岳迎致其餘弟子在山中者於是崇奉天師立道壇顯揚新法布告天下道業大行浩事天師甚謹拜禮人或譏之

于時中岳道士三十餘人至起天師道場京之東南重壇五層依新經制度給道士百二十人衣食齋肅祈請六時月設廚會數千人謙之奏曰陛下以眞君御世建靜輪天宮開古未有應登受符書以彰聖德世祖從之至

道壇受符籙備法駕旗幟盡青以從道家之
色也自後諸帝即位皆如之
恭宗見謙之奏造靜輪天宮必令高不聞雞
犬聲與上天神交接功役万計經年不成乃
言於世祖曰人天道殊卑高定分今謙之欲
要以無成之期說不然之事財力費損百姓
疲勞無乃不可乎必如其言未若因東山万
仞之崖爲功差易帝深然之但爲崔浩贊成
難違其意沉吟久之曰吾亦知其無成事既
尒何惜五三百工眞君九年謙之卒葬以道
士之禮諸弟子以爲屍解變化而去靜輪天
宮竟不成便止

時京兆韋文秀隱中岳世祖徵問方士金丹事
對曰神通幽昧變化難測可以闇遇難以預
期臣昔受於先師未之爲也世祖重其豪族
温雅遣與尚書崔賾詣王屋山合丹竟不成
時方士至者前後數十人曆出名行
河東祁纖好相人世祖賢之拜纖上大夫
潁陽絳略聞喜吴劭導引養精年百餘歲神
氣不衰恒農閻平仙博覽百家不能達意然
辭對可録帝授官固辭
扶風魯祈遭赫連虐避地寒山教授數百人
好方術少嗜慾
河東羅崇之餌松脂不食五穀云受道中脩

山有穴道崑崙蓬萊得見仙人往來帝令還鄉立壇祈請詔河東給所須崇入穴百步遂窮召還有司以誣罔不道奏罪之世祖赦之以開待賢之意

東萊王道翼隱韓信山四十餘年斷粟食麥通經章符籙不交時俗顯祖令青州刺史召赴都仍守本操遂令僧曹給衣食終身

太和十五年詔曰夫至道無形虛寂爲主自有漢已後置立壇祠先朝以其至順可歸爲立寺宇昔京城之內居舍尚希今者里宅櫛比人神猥湊非所以祗崇至法清敬神道可移於都南桑乾之陰岳山之陽永置其所給

户五十以供齋祀之用仍名爲崇虚寺可召
諸州隱士圓滿九十人遷洛移鄴踵如故事
其道壇在南郊方二百步以正月七日七月
七日十月五日壇主道士高人一百六十人
以行拜祠之禮
諸道士罕能精至又無才術可高武定六年
有司報罷之河東張遠遊河間趙静通等
齊文襄王别置館京師重其道術而禮接焉
余檢天師寇謙之叙陳太上老君所言同夫
蓬萊之居海下崑崙之飛浮天上也
又云三十六土万里爲方三百六十等何異
張角之三十六方乎案後漢皇甫嵩傳云鉅

鹿角自稱大賢郎師奉事黄老行張陵之術
用符水呪法以治百病遣弟子八人使於四
方行化道法轉相誑惑十餘年間衆數十万
自青徐幽冀荆楊兖豫八州之民莫不必應
遂置三十六方方猶將軍之号也大方万餘
人小方六千人訛言蒼天死黄天當立歲在
甲子天下大吉以白土書京邑寺門作甲子
字中平元年三月五日内外俱起皆著道士
黄服戴黄巾或殺人祠天于時賊徒數十万
衆初起穎川作亂天下並爲皇甫嵩討滅餘
潛不滅今猶服之

齊書述佛志第九　一

隋著作王劭

劭曰釋氏非管窺所及率尒妄言之又引列禦寇書述商太宰問孔子聖人事又黃帝夢遊華胥氏之國華胥氏之國在佛神遊而已此之所言髣髴於佛石符姚世經譯遂廣蓋欲柔伏人心故多寓言以方便不知是何神怪浩蕩之甚乎其說人身心善惡世事因緣以慈悲喜捨常樂我淨書辯至精明如日月非正覺孰能證之凡在黔首莫不歸命達人則慎其身口修其慧定平等解脫究竟菩提及僻者爲之不能通理徒務費竭財力功利煩濁猶六經皆有所失未之深也已矣

廣弘明集卷第二　典

遺籍下扌亦反書丨元狩下音獸年号琨耶昆耶二音張騫下去

卓反景憲下音獻月氏下音支國名戡音堪右脇下虛業反亦作

脅丨助湛然上宅減反姑臧下則郎反地名瓜州是臨淄下側兹反

縣名爪齒上之巧反綜覈上子宋反慤也下閑隔反考也皆衣下去聲

慨苦愛反嘆也覃思上徒南反味也長也下去聲妙賾下助隔反丨丨

玄微也舛駮上尺歃反下必角反丨丨差錯也通聘下疋併反朝問也

軍旅音呂衆也繒素上自陵反丨絣氈毯上正作氈之然反下他敢反丨

丨並毛褥也鉾錫下先擊反丨杖也踐位上音賊復丨也縮攝上紆

板反允愜下苦怗反心伏皃也壽音盜赫連上許客反丨丨虜複姓也稱王

據朔方泓烏萌反後秦第三主名僚佐上音寮官也屈㔫下玄字音

伭古作弖傳寫有誤跣行上先典反赤足行也凝泊上魚陵反嚴整皃下定陌
反安靜皃僔孱下正作孱銳志上羊歲反利也費方未反｜耗杳城
上於小反騷擾上蘇刀反｜｜亂也弓矢下式旨反箭也妖孽下魚列反
｜｜怪也作孽誤誇誕上古瓜反｜自衒也眩焉上音縣
蔑如上莫結反無也丘墟下丘居反｜聚也魁苦回反｜首也誅
殄下徒典反殲也癘音例疾｜也仇讎求酬二音酷毒上苦篤反

晃胡廣反讒助銜反捎音緣棄也廁初使去反圂坑也行溲下所
愁反小便也嗷嗷吾高反謷傲字同噬臍上音逝下音齊反｜｜囂
嚼也夏桀下渠列反炮格上步交反下加陌反㷆炮架格也南巢下助
交反禪讓上時扇反授位也尚殞下羽敏反正作隕｜墜也秀傑下渠
列反才智之稱倖音幸枉烏往反恢隆上苦回反大也百揆下求癸反
黜陟上丑律反｜退也陟升也縊之上一智反自繫也蹷然上居月反

當也排撥下必末反排推也儔直流反丨侶瑕釁上音遐下許近反丨

猜七才反疑也諱濊上許謂反下私閑反悼音盜傷丨自嬰下一盈反

丨罪禍也戮音六殺丨慨然上苦愛反嘆也遑音黃暇也罽賓上居例反

國名鐫子全反丨鑿也奇偉下羽鬼反異也冴於上音貫鑿音昨龕

苦含反丨室石崖下吾皆反丨險也高峻下私閏反尸殭下音薑尸

不朽曰丨也玥州上朔字博敞下昌兩反顯也開也櫰棟上所追反

薝用也下音東極柱也楣楹上音眉連樓木也下音盈柱也宏惠萌反渕

烏玄反正作淵殂背上在胡反死也擢慟下音洞丨丨大哭也緇素上側

茲反丨僧俗也昏虐下魚却反子胤下余鎮反嗣也服冕下音免朝

服冠冕也湫隘上子小反下於賣反小水也迫窄也糟糠遭康二音社鼠

上時者反社謂社禝祭祀之所國史曰如鼠穴依於社牆熏之傷社樹灌之毀社牆意則

刺乂君左右依勢自容法不能加也暹息廉反僧名睎音希顒牛恭反猥

濫上烏每反雜也鄙也軒轅下音園帝嚳下苦篤反牧德上音目
蠲去上俱玄反澡雪上音早洗也欒大上盧官反鵠鳴上胡篤反
古多作鶴字用董謚上丁孔反下音蜜辟穀上必亦反氣曰丨丨伏餌
藥上而志反食丨傭作上音容丨雇也惆然上音周周髀下蒲米反
欻然上許勿反開闢下毗亦反粗米上子姑反髡形上音坤削髮也
粲然上七案反明也四皓下胡道反侔莫浮反齊也牲牢生勞二音

祭畜也旗幟下音試幡之屬崔蹟下助陽反祁纖上渠移反下息廉反
劭市照反閻音鹽姓也崑崙昆論二音山名誣罔上音無下正作誷丨
丨謗也夲操下七到反志丨櫛比上阻虱反下頻必反謂人家窸如梳齒也
猥凑上宜用隈烏回反下七奏反隈倚也凑聚也鉅鹿上音巨究豫
上以浅反丨丨並州名也訛言上愚和反謬也禦寇上音語華胥下息
徐反寓言上音遇寄也黔首上巨廉反黑首民也僻疋亦反偏丨也

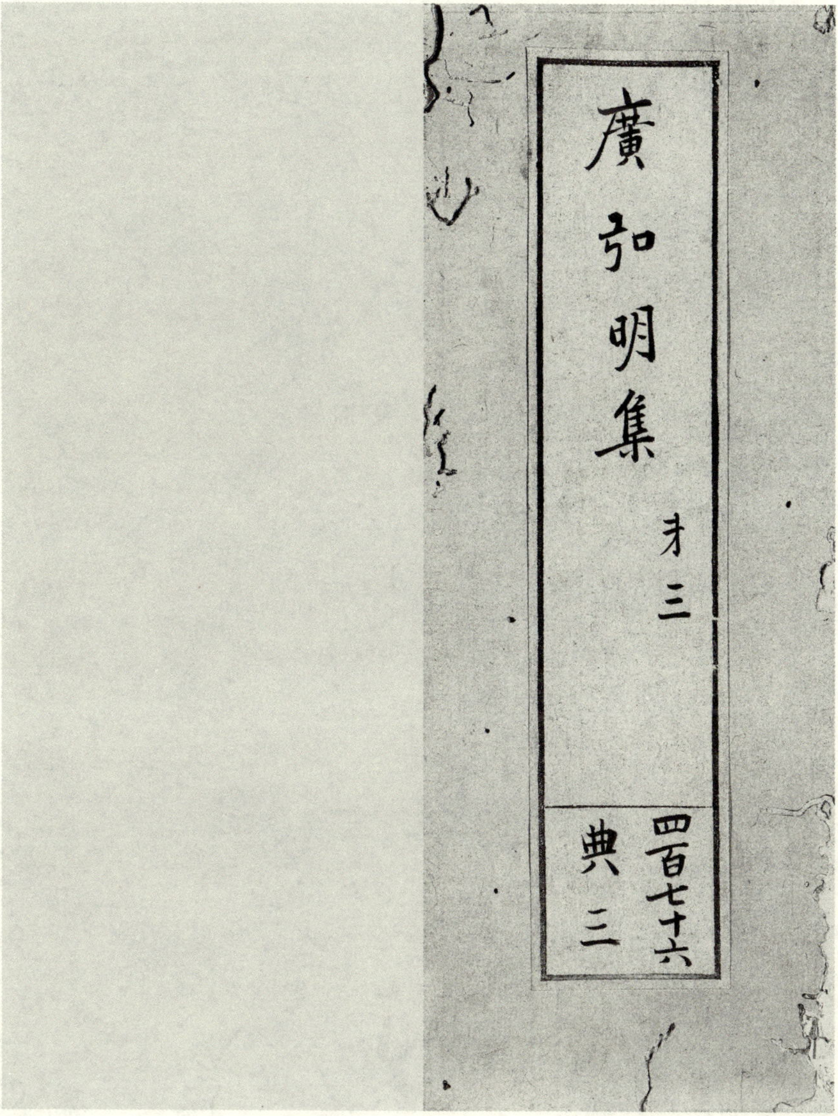
廣弘明集
才三
四百七十六
典三

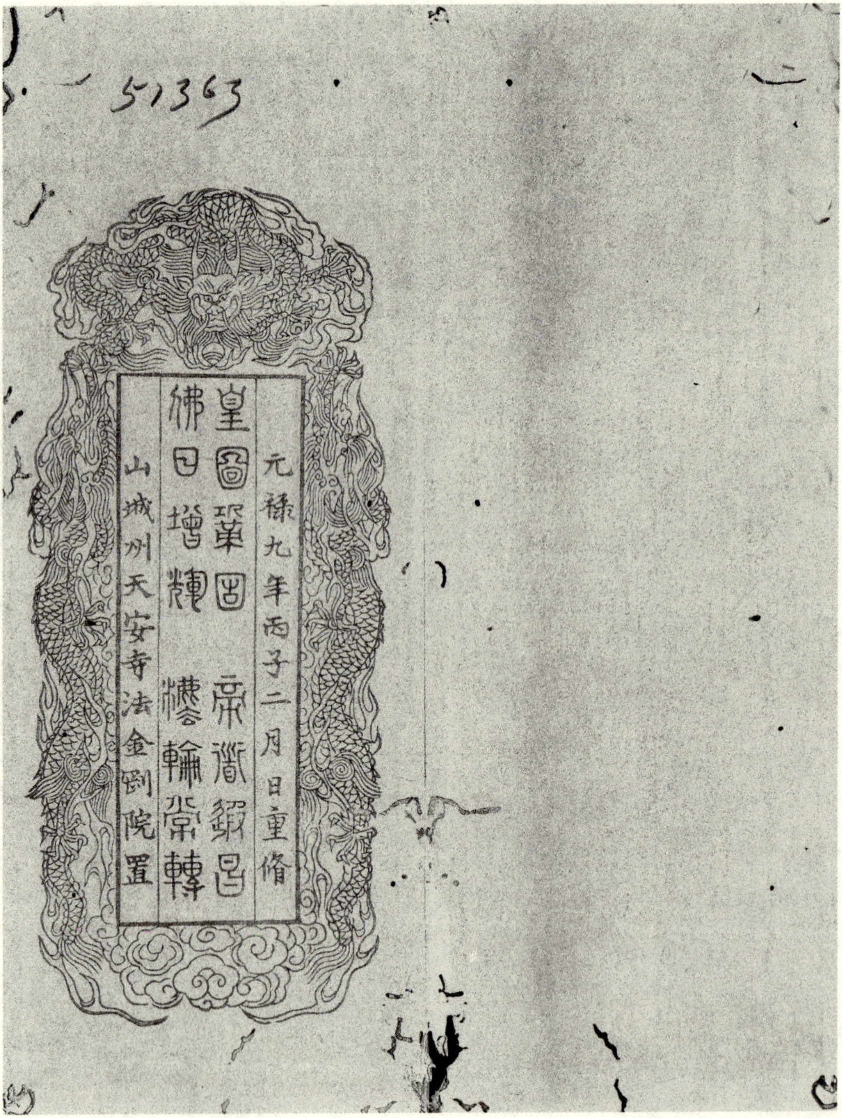
51363

元禄九年丙子二月日重脩

皇圖鞏固　帝道遐昌

佛日增輝　法輪常轉

山城州天安寺法金剛院置

廣弘明集卷第三

唐終南山釋氏

歸正篇第一之三

遂古篇第十　梁侍中江淹

僕嘗爲造化篇以學古制今觸類而廣之復有此文兼象天問以遊思云尒

聞之遂古大火然兮水亦溟涬無涯邊兮女媧練石補蒼天兮共工所觸不周山兮河洛交戰寧深淵兮黃炎共鬬涿鹿川兮女妓九

子爲氏先兮蚩尤鑄兵幾千年兮十日並出
堯之間兮羿迺斃日事豈然兮常蛾奔月誰
所傳兮豐隆騎雲爲靈仙兮夏開乘龍何因
緣兮傅說託星安得宣兮夸父鄧林義亦艱
兮尋木千里烏易論兮穆王周流往復旋兮
河宗王毋可與言兮青鳥所解路誠亶兮五
色玉石出西偏兮崑崙之墟海此間兮去彼
宗周万二千兮山經古書亂編篇兮郭釋有
兩未精堅兮上有剛氣道家言兮日月五星
皆虛懸兮倒景去地出雲煙兮九地之下如
有天兮土伯九約寧若先兮西方蓐收司金
門兮北極禺強爲常存兮帝之二女遊湘沅

兮霄明燭光向焜煌兮太一司命鬼之元兮
山鬼國殤爲遊寬兮迦維羅衛道最尊兮黄
金之身誰能原兮恒星不見頗可論兮其説
彬炳多聖言兮六合之内心常渾兮幽明詭
怪令智惛兮河圖洛書爲信然兮孔甲豢龍
古共傳兮禹時防風處隅山兮春秋長狄生
何邊兮臨洮所見又何緣兮蓬萊之水淺於
前兮東海之波爲桑田兮山崩邑淪寧幾千
兮石生土長必積年兮漢鑿昆明灰炭全兮
魏開濟渠螺蚌堅兮白日再中誰使然兮北
斗不見藏何間兮建章鳳闕神光連兮未央
鍾虡生花鮮兮銅爲兵器秦之前兮丈夫衣

緣六國先兮周時女子出世間兮班君絲履
遊太山兮人鬼之際有隱淪兮四海之外孰
方圓兮沃沮肅愼東北邊兮長臂兩面赤乘
船兮東南倭國皆文身兮其外黒齒尖裸民
兮侏儒三尺並爲鄰兮西北丁零又烏孫兮
車師月支種類繁兮馬蹄之國善騰奔兮西
南烏弋及罽賓兮天竺于闐皆胡人兮條支
安息西海漘兮人迹所極至大秦兮珊瑚明
珠銅金銀兮琉璃瑪瑙來雜陳兮硨磲水精
莫非眞兮雄黃雌石出山垠兮青白蓮花被
水濱兮宮殿樓觀並七珍兮窮陸溟海又有
民兮長股深目豈君臣兮丈夫女子及三身

兮結胷反舌二臂人兮跂踵交脛與羽民兮
不死之國皆何因兮茫茫造化理難循兮聖
者不測況庸倫兮筆墨之暇爲此文兮薄暮
雷電聊以忘憂又示君乎　梁典云江淹位登
金紫初淹年六歲能屬文爲詩最長有遠識
愛奇尚年二十以五經授宋諸王待以客禮
初年十三而孤貧採薪養母以孝聞及梁朝
六遷侍中夢郭璞索五色筆淹與之自是爲
文不工人謂其才盡然以不得志故也有集
十卷深信天竺緣果之文余檢其行事與傳
同焉綴述佛理不多録其别篇知　明賢之雅
志耳

家訓歸心篇　　北齊光禄顔之推

三世之事信而有徵家素歸心勿輕慢也其閒妙旨具諸經論不復於此少能讚述但懼汝曹猶未牢固略重勸誘耳

原夫四塵五陰剖析形有六舟三駕運載羣生万行歸空千門入善辯才智慧豈徒七經百氏之博哉明非堯舜周孔老莊之所及也内外兩教本爲一體漸極爲異深淺不同内典初門設五種之禁與外書仁義五常符同仁者不殺之禁也義者不盜之禁也禮者不邪之禁也智者不酒之禁也信者不妄之禁也至如畋狩軍旅讌饗刑罰因民之性不可

卒除就爲之節使不淫濫耳歸周孔而背釋
宗何其迷也
俗之謗者大抵有五其一以世界外事及神
化無方爲迂誕也其二以吉凶禍福或未報
應爲欺誑也其三以僧尼行業多不精純爲
姦慝也其四以糜費金寶減耗課役爲損國
也其五以縱有因緣而報善惡安能辛苦今
日之甲利益後世之乙乎爲異人也今並釋
之于下云
釋一曰夫遥天之物寧可度量今人所知莫
若天地天爲精氣日爲陽精月爲陰精星爲
万物之精儒家所安也星有墜落乃爲石矣

精若是石不可有光性又質重何所繫屬一星之徑大者百里一宿首尾相去數万百里之物數万相連闊狹從斜常不盈縮又星與日月光色同耳但以大小爲其等差然而日月又當石耶石既牢密烏兎焉容石在氣中豈能獨運日月星辰若皆是氣氣體輕浮當與天合往來環轉不得僻違其間遲疾理寧一等何故日月五星二十八宿各有度數移動不均寧當氣墜忽變爲石地既滓濁法應沉原鑿土得泉乃浮水上積水之下復有何物江河百谷從何處生東流到海何爲不溢歸塘尾閭渫何所到沃焦之石何氣所然潮

汐去還誰所節度天漢懸指那不散落水性
就下何故上騰天地初開便有星宿九州未
畫列國未分剪疆區野若爲躔次封建已來
誰所制割國有增減星無進退灾祥禍福就
中不差懸象之大列星之數何爲分野上繫
中國昴爲旄頭匈奴之次西胡東夷彫題交
趾獨棄之乎以此而求迄無了者豈得以人
事尋常抑必宇宙之外乎
凡人所信唯耳與目自此之外咸致疑焉儒
家說天自有數義或渾或蓋乍穹乍安斗極
所周苑維所屬若所親見不容不同若所測
量寧足依據何故信凡人之臆說疑大聖之

妙旨而欲必無恒沙世界微塵數劫乎而鄒
衍亦有九州之談山中人不信有魚大如木
海上人不信有木大如魚漢武不信弦膠魏
文不信火布胡人見錦不信有虫食樹吐絲
所成昔在江南不信有千人氈帳及来河北
不信有二万石舩皆實驗也
世有祝師及諸幻術猶能履火蹈刃種瓜移
井倏忽之間千變万化人力所爲尚能如此
何妨神通感應不可思量千里寶幢百由旬
座化成淨土踊生妙塔乎
釋二曰夫信謗之興有如影響耳聞眼見其
事已多或乃精誠不深業縁未感時儻差闇

終難獲報耳善惡之行禍福所歸九流百氏皆同此論豈獨釋典爲虚妄乎項託顔回之短折伯夷原憲之凍餒盜跖莊蹻之福壽齊景桓魋之富强若引之先業冀以後生更爲實耳如以行善而偶鍾禍報爲惡而儻值福徵便可怨尤即爲欺詭則亦堯舜之云虚周孔之不實也又安所依信而立身乎

釋三曰開闢已來不善人多而善人少何由悉責其精潔乎見有名僧高行棄而不説若覩凡猥流俗便生誹毁且學者之不勤豈教者之爲過俗僧之學經律何異士人之學詩禮詩禮之教格朝廷之士略無全行者經律

之禁格出家之輩而獨貴無犯哉且闕行之臣猶求祿位毀禁之侶何輒供養乎其於戒行自當有犯一被法服已墮僧數歲中所計齋講誦持皆諸白衣猶不啻山海也

釋四曰內教多途出家自是其一法耳若能誠孝在心仁惠爲本須達流水不必剃落鬚髮豈令罄井田而起塔廟窮編戶以爲僧尼也皆由爲政不能節之遂使非法之寺妨民稼穡無業之僧空國賦筭非大覺之本恉也抑又論之求道者身計也惜費者國謀也身計國謀不可兩遂誠臣徇主而棄親孝子安家而忘國各有行也儒有不屈王侯高尚其

事隱有讓王舜相避世山林安可計其賦役以爲罪人也若能皆化黔首悉入道場如妙樂之世儴佉之國則有自然秔米無盡寶藏安求田蠶之利乎

釋五曰形體雖死精神猶存人生在世望於後身似不連屬及其没後則與前身猶老少朝夕耳世有魂神亦見夢想或降僮妾或感妻孥求索飲食徵須福祐亦爲不少矣今人貧賤疾苦莫不怨尤前世不修功德以此而論可不爲之作福地乎夫有子孫自是天地間一蒼生耳何以身事而乃愛護遺以基趾况於已之神爽頓欲棄之乎故兩踈得其一

隅累代詠而弥光矣
凡夫矇蔽不見未來故言彼生與今生非一
體耳若有天眼鑒其念念隨滅生生不斷豈
可不怖畏耶又君子處世貴能克己復禮濟
時益物治家者欲一家之慶治國者欲一國
之良僕妾臣民與身竟何親也而為其勤苦
修德乎亦是堯舜周孔虛失愉樂一人修道
濟度幾許蒼生免脫幾身罪累幸熟思之人
生居世須顧俗計樹立門戶不得悉棄妻子
一皆出家但當兼修行業留心讀誦以為來
世資粮人身難得勿虛過也

七録序十二

梁處士阮孝緒

日月貞明匪光景不能垂照嵩華載育非風雲無以懸感大聖挺生應期命世所以匡濟風俗矯正彝倫非夫丘素墳典詩書禮樂何以成穆穆之功致蕩蕩之化也哉故洪荒道喪帝昊興其爻畫結繩義隱皇頡肇其文字自斯已往沿襲異宜功成治定各有方册正宗既殄樂崩禮壞先聖之法有若綴旒故仲尼歎曰大道之行也與三代之英丘未建也而有志焉夫有志以爲古文猶好也故自衛反魯始立素王於是删詩書定禮樂列五始於春秋興十翼於易道夫子既亡微言殆絶

七十並喪大義遂乖逮于戰國殊俗政異百家競起九流互作嬴政嫉之故有坑焚之禍至漢惠四年始除挾書之律其後外有太常太史博士之藏内有延閣廣内秘室之府開獻書之路置寫書之官至孝成之世頗有亡逸乃使謁者陳農求遺書於天下命光禄大夫劉向及子俊歆等讎校篇籍每一篇已輒録而奏之會向亡喪帝使歆嗣其前業乃從温室中書於天禄閣上歆遂總括群篇奏其七略及後漢蘭臺猶爲書部又於東觀及仁壽闥撰集新記校書郎班固傅毅並典秘籍固乃因七略之辭爲漢書藝文志其後有著

述者袁山松亦録在其書魏晉之世文籍逾
廣皆藏在秘書中外三閣魏秘書郎鄭默
刪定舊文時之論者謂爲朱紫有别晉領秘
書監荀勗因魏中經更著新簿雖分爲十有
餘卷而總以四部别之惠懷之亂其書略盡
江左草創十不一存後雖鳩集淆亂已甚及
著作佐郎李充始加刪正因荀勗舊簿四部之
法而換其乙丙之書沒略衆篇之名總以甲乙
爲次自時厥後世相祖述宋秘書監謝靈運
丞王儉齊秘書丞王亮監謝朏等並有新進
更撰目録宋秘書殷淳撰大四部目儉又依
别録之體撰爲七志其中朝遺書收集稍廣

然所亡者猶太半焉齊末兵火延及秘閣有
梁之初鈌亡甚衆爰命秘書監任昉躬加部
集又於文德殿内别藏衆書使學士劉孝標
等重加校進乃分數術之文更爲一部使奉
朝請祖暅撰其名録其尚書閣内别藏經史
雜書華林園又集釋氏經論自江左篇章之

盛未有踰於當今者也孝緒少愛墳籍長而
弗倦卧病閑居傍無塵雜晨光纔啓緗囊已
散宵漏既分緑袠方掩猶不能窮究流略探
盡秘奥每披録内省多有鈌然其遺文隱記
頗好搜集凡自宋齊已來王公搢紳之舘苟
能蓄聚墳籍必思致其名簿凡在所遇若見

若聞校之官目多所遺漏遂揔集衆家更爲
新録其方内經史至于術伎合爲五録謂之
内篇方外佛道各爲一録謂之外篇凡爲録
有七故名七録昔司馬子長記數千年事先
哲懋其勤雖復稱爲良史猶有捃拾之責況
揔括群書四万餘卷皆討論研覈標判宗旨
才愧疎通學慙博達靡班嗣之賜書微黃香
之東觀儻欲尋檢内寡卷軸如有疑滯傍無
沃啓其爲紕繆不亦多乎將恐後之罪予者
豈不在於斯録如有刊正請俟君子昔劉向
校書輒爲一録論其指歸辨其訛謬隨竟奏
上皆載在本書時又別集衆録謂之別録即

今之別録是也子歆撮其指要著爲七略其一篇即六篇之揔最故以輯略爲名次六藝略次諸子略次詩賦略次兵書略次數術略次方伎略王儉七志改六藝爲經典次諸子次詩賦爲文翰次兵書爲軍書次數術爲陰陽次方伎爲術藝以向歆雖云七略實有六條故別立圖譜一志以全七限其外又條七略及二漢藝文志中經簿所闕之書并方外之經佛經道經各爲一録

雖繼七志之後而不在其數今所撰七録斟酌王劉王以六藝之稱不足標牓經目改爲經典今則從之故序經典録爲内篇第一劉

王並以衆史合于春秋劉氏之世史書甚寡附見春秋誠得其例今衆家記傳倍於經典猶從心志實爲繁蕪且七略詩賦不從六藝詩部蓋由其書既多所以別爲一略今依擬斯例分出衆史序記傳録爲内篇第二諸子之稱劉王並同又劉有兵書略王以兵字淺

薄軍言深廣故改兵爲軍竊謂古有兵革兵戎治兵用兵之言斯則武事之總名也所以還改軍從兵兵書既少不足別録今附于子末總以子兵爲稱故序子兵録爲内篇第三王以詩賦之名不兼餘制故改爲文翰竊以頃世文詞總謂之集變翰爲集於名尤顯故

序文集録爲内篇第四王以數術之稱有繁
雜之嫌故改爲陰陽方伎之言事無典據又
改爲藝術竊以陰陽偏有所繫不如數術之
該通術藝則濫六藝與數術不逮方伎之要
顯故還依劉氏各守本名但房中神仙既入
仙道醫經經方不足别創故合故伎之稱以
名一録爲内篇第五王氏圖譜一志劉略所
無劉數術中雖有曆譜而與今譜有異竊以
圖畫之篇宜從所圖爲部故隨其名題各附
本録譜既注記之類宜與史體相衆故載于
記傳之末自斯已上皆内篇也釋氏之教實
被中土講説諷味方軌孔籍王氏雖載于篇

而不在志限即理求事未是所安故序佛法録爲外篇第一仙道之書由來尚矣劉氏神仙陳於方伎之末王氏道經書於七志之外今合序仙道録爲外篇第二王則先道而後佛今則先佛而後道蓋所宗有不同亦由其教有淺深也凡内外兩篇合爲七録天下之遺書秘記庶幾窮於是矣有梁普通四年歲維單閼仲春十有七日於建康禁中里宅始述此書通人平原劉杳從余遊因説其事杳有志積久未獲操筆聞余已先著編欣然會意凡所抄集盡以相與廣其聞見實有力焉斯亦康成之於傳釋盡歸子慎之書也

古今書最

七略書三十八種六百三家一万三千二百一十九卷

五百七十二家亡　三十一家存

漢書藝文志書三十八種五百九十六家一万三千三百六十九卷

五百七十二家亡　四十四家存

二十八家在

袁山松後漢藝文志書

八十七家亡

晉中經簿四部書一千八百八十五部二万九百三十五卷其中十六卷

佛經書簿少二卷不詳所載多少
一千一百一十九部亡　七百六
十六部存
晉元帝書目四部三百五袠三千一
十四卷
晉義熙四年秘閣四部目録
宋元嘉八年秘閣四部目録一千五
百六十四袠
一万四千五百八十二卷五十五袠四百三十八卷佛經
宋元徽元年秘閣四部書目録二千
二十袠一万五千七十四卷

齊永明元年秘閣四部自録五千新足合二千三百三十二袠一万八千一十卷

梁天監四年文德正御四部及術數書目録合二千九百六十八袠二万三千一百六卷秘書丞殷鈞撰秘閣四部書少於文德書故不録其數也

新集七録内外篇圖書凡五十五部六千二百八十八種八千五百四十七袠四万四千五百二十六卷六千七十八種八千二百八十四袠四万三千六百二十四卷經書二百三種二百六十三袠八百七十九卷圖符

內篇五録四十六部三千四百五十三種五千四百九十三袠三万七千九百八十三卷三千三百一十八種五千三百六袠三万七千一百八卷經書一百三十五種一百八十七袠七百七十五卷圖也

外篇二録九部二千八百三十五種三千五十四袠六千五百三十八卷二千七百五十九種二千九百七十八袠六千四百三十四卷經書七十六種七十八袠一百卷符圖

七録目録

經典録　內篇一

易部大四種九十六帙五百九十卷

尚書部二十七種二十八帙一百九

十卷

詩部五十二種六十一帙三百九十八卷

禮部一百四十種二百一十一帙一千五百七十卷

樂部五種五帙二十五卷

春秋部一百一十二種一百三十九帙一千一百五十三卷

論語部五十一種五十二帙四百一十六卷

孝經部五十九種五十九帙一百四十四卷

小學部七十二種七十二帙三百一
十三卷
右九部五百九十一種七百一十帙
四千七百一十卷

記傳録

內篇二

國史部二百一十六種五百九帙四
千五百九十六卷
注曆部五十九種一百六十七帙一
千二百二十一卷
舊事部八十七種一百二十七帙一
千三十八卷
職官部八十一種一百四帙八百一卷

儀典部八十種二百五十二帙二千二百五十六卷
法制部四十七種九十五帙八百八十六卷
僞史部二十六種三十七帙一百六十一卷
雜傳部二百四十二種二百八十九帙一千四百四十六卷
鬼神部二十九種三十四帙二百五卷
土地部七十三種一百七十一帙八百六十九卷
譜牒部四十二種四百二十三帙一

千六十四卷
簿錄部三十六種六十二帙三百三十八卷
右十二部一千二十種二千二百四十八帙一万四千八百八十八卷

子兵錄　内篇三

儒部六十六種七十五帙六百四十卷
道部六十九種七十六帙四百三十一卷
陰陽部一種一帙一卷
法部十三種十五帙一百一十八卷
名部九種九帙二十三卷

墨部四種四帙一十九卷
縱橫部二種二帙五卷
雜部五十七種二百九十七帙二千
三百三十八卷
農部一種一帙三卷
小說部十種十二帙六十三卷
兵部五十八種六十一帙二百四十
五卷
右一十一部二百九十種五百五十
三帙三千八百九十四卷
內篇四

文集錄
楚辭部五種五帙二十七卷

别集部七百六十八種八百五十八帙六千四百九十七卷

摠集部十六種六十四帙六百四十九卷

雜文部二百七十三種四百五十一帙三千五百八十七卷

右四部一千四十二種一千三百七十五帙一万七百五十五卷

術伎録

内篇五

天文部四十九種六十七帙五百二十八卷

緯讖部三十二種四十七帙二百五

十四卷
曆筭部五十種五十帙二百一十九卷
五行部八十四種九十三帙六百一
十五卷
卜筮部五十種六十帙三百九十卷
雜占部十七種十七帙四十五卷
刑法部四十七種六十一帙三百七卷
醫經部八種八帙五十卷
經方部一百四十種一百八十帙一
千二百五十九卷
雜藝部十五種十八帙六十六卷
右十部五百五種六百六帙三千七

百三十六卷
佛法録三卷　外篇一
戒律部七十一種八十八帙三百二
十九卷
禪定部一百四種一百八帙一百七
十六卷
智慧部二千七十七種二千一百九
十帙三千六百七十七卷
疑似部四十六種四十六帙六十卷
論記部一百一十二種一百六十四
帙一千一百五十八卷
右五部二千四百一十種二千五百

仙道録　九十五帙五千四百卷

外篇二

經戒部二百九十種三百一十八帙

八百二十八卷

服餌部四十八種五十二帙一百六

十七卷

房中部十三種十三帙三十八卷

符圖部七十種七十六帙一百三卷

右四部四百二十五種四百五十九

帙一千一百三十八卷

文字集略一帙三卷　序録一卷

正史删繁十四帙一百三十五卷　序録一卷

高隱傳一帙十卷　序例一卷
古今世代録一帙七卷
七録二帙一十一卷
雜文一帙十卷　聲緯一帙一卷
右七種二十一帙二百八十一卷阮
孝緒撰不足編諸前録而載於此

孝緒陳留人宋中領軍歆之曾孫祖慧眞臨
賀太守父彦太尉從事中郎孝緒年十三略
通五經大義隨父爲湘州行事不書南紙以
成父之清年十六丁艱終喪不服綿纊雖蔬
食有味則吐之在鍾山聽講母王氏忽有疾
孝緒於講座心驚而反合藥須生人蓡自採

於鍾山高嶺經日不值忽有鹿在前行心怪之至鹿息處果有人蔘母疾即愈齊尚書令王晏通家權貴來候之傳呼甚寵孝緒惡之穿籬而遁晏有所遺拒而不納嘗食醬而美問之乃王家所送遂命覆醢及晏被誅以非黨獲免常以鹿林爲精舍環以林池杜絕交好少得見者御史中丞任昉欲造之而不敢進睨鹿林謂其兄履曰其室則尒其人甚遠太中大夫殷芸贈以詩任昉止之曰趣舍苟異何用相干於是朝貴絕於造請唯與裴貞子爲交（貞子即子野之謚）天監十二年秘書監傅昭薦焉並不到天子以爲苟立虛名以要顯譽

自是不復徵聘故何胤孝緒並得遂其高志南平元襄謂履曰昔君大父舉不以來遊取累賢弟獨執其志何也孝緒曰若麏麚盡可驂馭何以異夫騄驥哉王作二闇及性情義並以示之請爲潤色世祖著忠臣傳集釋氏碑銘丹陽尹録姸神記並先簡居士然後施行鄱陽忠烈王孝緒姊夫也王及諸子歲時致饋一無所受嘗自筮死期云與劉著作同年是秋劉杳卒孝緒睍曰吾其幾何數旬果亡年五十八皇太子遣使弔祭賻贈甚渥子恕追述先志固辭不受門人謚曰文貞處士孝緒甚博極羣書無一不善精力強記學者所

宗著七録削繁等諸書一百八十一卷並行於世編次佛道以爲方外之篇起於是矣

廣弘明集卷第三　典

江淹下邑鹽反孝緒下音序溟涬下戶頂反丨丨大水皃或作津誤女媧下音瓜女皇也天缺東南乃鍊石補之黃炎下于廉反炎帝神農黃帝軒轅也涿鹿上音卓黃帝滅蚩尤之地在上谷蚩尤上尺之反神農之目羿迺上音詣帝嚳時能射之人下音乃斃日上毗祭反殞也奔月上去聲傳說付悅二音漢目名夸父上音誇誠亶下丁罕反誠信也墟丘虛反蓐收上音辱丨丨秋之神名熀煌上胡本反下音皇光明皃殤音傷夭士也恒星上戶登反丨丨謂常見之星彬炳上布巾反下音丙丨丨文質明也詭怪上過委反誑也豢龍上音患穀養畜曰丨臨洮

下土高反水名出羌中濟渠上子禮反魏截黃河爲濟水螺蚌下蒲項反
蛤丨鍾虡下音巨枸丨懸鍾架也枸音笋作虞誤也方貟下正作圓沃沮
上烏篤反下子盧反倭國上烏和反東夷國也裸民上玄瓦反赤體之人侏
儒上音朱丨丨短人月氏音支烏弋下音翼罽賓上居例反于
闐下田殿二音海漘下市倫反水涯也山根下或作垠魚斤反丨涯
水濵下音賓水際也長股下音古腿也跂踵上丘智反下之勇反海有
國人行脚跟不著地交脛下胡定反海有國人行脚戾相交郭璞下疋角反
綴述上知衛反緝丨剖析下先擊反畋狩上音田獵之惣名下音獸冬獵
曰丨醼饗上於見反飲會也下許兩反獻祭也猝除上麁沒反倉丨大抵
下音底迂誕上委于反曲也下音但欺慢也姦慝上古顔反丨邪也下他得
反丨惡也糜費上密碑反下方未反丨丨散耗也上正作靡課役上苦和反
差也徑古定反竪闊曰丨闊狹下候夾反偕違上音皆俱也滓濁

上側史反溢夷一反滿丨也歸塘下音堂渫何上音薛注也正作潰沃
焦上烏篤反丨丨海中有石水灌不漏潮汐上直搖反下音夕潮朝知搖反也汐
夕也所謂朝來夕至未劃音獲剪疆丨音薑謂剪截疆界區野上丘
俱反丨域躔次上直連反夥音禍楚人云多曰丨也昴爲上音夘星名
交趾音止地名迄許訖反至也乍穹下去弓反正作悺憂也苑維
上紆阮反苑塞也維隅也鄯衍上側愁反下音演弦膠上音賢弓丨也下音
交粘也東海中央有洲名曰鳳麟其洲多出鳳麟故人取鳳喙麟角煎而成膠可以續弓
弦也氈帳上之然反毛席也祝師上呪字幻術上胡慣反丨丨虛誑
也倒書予字是蹈刃上音盜履丨也倏忽上音叔原憲下音獻
凍餒下乃每反飢也盜跖下音隻古之賊人也莊蹻下丘遙反桓魋
上惠官反下徒回反開闢下毗益反丨亦開也凡猥下烏每反鄙也格古陌
反丨式不啻下施智反丨丨猶言多也剃落上他弟反削也髭鬚上音

毛稼穡嫁色二音種曰稼收曰穡恉旨字徇詞閏反丨從也黔首上巨
廉反同前儴佉上而章反下丘迦反秔米上音庚與粳同田蠶俗作蚕字
朦蔽下必祭反障丨也愉樂上羊朱反忻丨也作愉誤嵩華上息弓反
下玄化反二山名挺生上亭頂反出也矯正上居小反直也舉也彝倫
上音夷常也帝昊下胡道反太昊伏羲氏始畫八卦爻畫上户交反卦象
也下音獲皇頡下胡結反黃帝時蒼頡觀鳥跡立文字也肇音趙始也㳂襲

緣習二音方冊叉陌反亦作冊殄徒典反滅也綴游上知衞反刪所間
反丨削十翊下音翼孔子制周易十翊上文言下文言上繫胡反討下繫大象小象
彖土反亂辭敘卦說卦雜卦是也殆絕上音待嬴政上音盈始皇姓也挾
書上胡帖反讎校酬教二音篇籍下丰亦反徙斯綺反移丨也闥他達
反官外門也傅毅上音付下魚既反荀勗上息旬反下許玉反草創
下初狀反淆亂上户交反雜也亮力向反謝朏下普没反又方尾反任

昉下方罔反祖暅下兄逺反緗囊上息羊反淺黄色||經幞也緑袠
下袟字經|也探土含反搢紳進申二音以芴挿帶曰||蓄聚上許
六反積也名簿下音部研覈下閞隔反紕繆上疋悲反下苗幼反刋
正上苦寒反|削訛謬上愚和反下苗幼反撮其上七活反輯略上音
集和也圖譜下音補||載集往事也斟酌上音針繁蕪下音無|
草薉也兵戎下而弓反該通上古哀反單闕下音遏歲在卯曰||
劉杳下煙曉反掾筆上七刀反執也正作操元徽下音暉年号也緯
讖上音謂下楚禁反||有徵之書卜筮下音逝龜曰卜著曰筮服餌
下而志反藥|彥魚箭反綿纊下苦況反細綿曰纊人蔘下音參參藥名
穿籬下音離竹藩也遁徒困反逃|也覆醢上芳伏反傾也下音海肉醬也
杜絕上徒户反塞也造之上七到反至也睨音詣睥|般芸下音云
裴音陪謚音示死而後号曰|也徵聘下疋併反詔問曰||胤余鎮

文元襄下息羊反麏麚上俱倫反下音加二獸名並鹿之類騄馭上七
含反下音御|從駕馬也|騄騏上良玉反下居異反||驄馬也鄱陽
上音婆緒睍下吾計反致饋下求位反贈食也自筮下音逝|也
賻贈上音附以物贈死家也渥於角反優也厚也